「一生」の自信を「一瞬」でつくる本

Yoshinori Matsuhashi
松橋良紀

WAVE出版

はじめに

「人前で話すのがイヤで緊張してしまう」
「初対面の人とコミュニケーションするのが苦手だ」
「積極的に〝自分〟を出したい」
「もっとお金を稼ぎたい」
「将来は独立・起業したいけれど難しそう」
「自分のやりたいことがわからない」

こういった悩みを捨てたいと思っている方は、たくさんいらっしゃると思います。
一見バラバラのような悩みですが、じつは、ある共通の問題が根源にあります。

それは「自信がない」ことです。

「自信がない」ということを、少し専門的な用語で言えば「自己肯定感が低い」などとも言います。それぞれの悩みは、自信がなくて、自己肯定感が低いことで生じているのです。

たとえば、なぜ「自分のやりたいことがわからない」のでしょうか？

それは、自己肯定感が低い人は、やりたいことがあっても、反射的に「自分にはどうせ無理」とあきらめてしまう癖がついているからです。

長年あきらめて生きているうちに、その結果、本当に自分のやりたいことがわからなくなるのです。

「いや、自分はやりたいことや目標はある。でも、なかなかチャレンジできない」という悩みを抱える人も少なくありません。

まずは一歩でいいから、踏み出しさえすれば、その夢に近づけるのは間違いないのに、多くの人は行動を起こせません。

行動を起こせないのも、自分に自信が持てないからです。第1章で詳しくご説明しますが、**自信がないのは「洗脳」されているから**にすぎません。

そこで私は自信がないという洗脳状態を終わらせて、それこそ「一生の自信」を身につけたいという方のために、この本を書きました。

夢も趣味もない地味なバツイチ男性が大変革

先日、私のセミナーを卒業した男性受講者の話です。

現在45歳のAさんは、コミュニケーションが苦手で、それを変えたいということで私のセミナーを受講しました。

バツイチで離婚して以来、なかなか彼女もできないし、そもそも「友だちも一人もいない」と言います。自信なさげにボソボソしゃべるので、全体的に覇気が感じられず、いつも黒や灰色の地味な服ばかり着ていました。

「夢も趣味もない」とおっしゃるので、何か始めるようにおススメしたら、工場勤務で仕事がきついので、「仕事が終わってから何かやろうなんて元気はない」とのこと。

また、休みの日は身体を休めたいから、とくに外出することもないそうです。すっかり人生をあきらめている人でした。

ところが、私の研修を受講し始めて、ほんの半年くらいたつと別人になりました。

まず、床屋をやめて美容室に行くようにというアドバイスをすると、最初は抵抗していましたが、髪型がとてもオシャレに変わりました。

次に、洋服も、私のアドバイスを素直に取り入れたら、頭の先からつま先まで、見違えるようになりました。

この本の中にも詳しく書きましたが、自信をつけるために最も即効性が高いのは、見た目を変えることです。もちろん、それ以外にも、この本で紹介するメソッドやテクニックを使って、徐々に自信をつけていきました。

すると「夢も趣味もないし、休みの日は疲れて何もできない」と言っていたAさんが、「将来は好きなミュージカルで仕事をしたい！」「ヒーラーにもなりたい！」と、新たな夢に向かって、ボイストレーニングスクールやヒーリングスクールに通うようになりました。

さらに、人を癒《い》やす仕事に目覚めて、カウンセリングについても学び始めたのです。

夢に向かって充実した人生を生きている、さわやかなイケメンに生まれ変わりました。

それもこれも、自信がないという「洗脳」が解けたからです。

オシャレで仕事もできる美人なのに自信だけがない

36歳の独身女性Bさんも、私のところに来られたあと、人生に大変革が起きました。

もともと美人で、いつも最先端の服を身にまとう、オシャレな印象の方でした。大手企業に勤務していて、営業成績は全国1位になったこともあるくらいですから、話もとても楽しい女性です。

ところが、よくよく聞いていると、笑いのネタは自虐的《じぎゃくてき》な話ばかり。自分がいかにダメな女か、いかに価値がない女なのかという話が尽きません。

恋愛も、なかなかうまくいきませんでした。オシャレな美人で、仕事もでき、話もおもしろいから、モテないわけではありません。

なぜか、つき合う相手が結婚に興味がない男性ばかりなのです。

じつは彼女には、家庭を持って子どもをつくることに、無意識の抵抗がありました。

幼少期に両親が離婚したことで、父親に捨てられた憎しみや悲しみが残っていたようです。

とにかくBさんは、見た目とは裏腹に、自分に自信が持てない人でした。仕事は誰よりもがんばって遅くまで残業し、実績も素晴らしい。でも、それは「自分が価値のない人間ではない」ということを証明するための行動でした。

「自信がない」「自分は価値がない女だ」と洗脳されているから、男性との関係もいびつになってしまうのです。

さらにセミナーが進んでいくにつれて、彼女は「自分は結婚なんかできないから、このまま独身で年を取って死んでいくんです」と思い込んでいることもわかりました。

ところが、セミナーを修了するころには、何十年にもわたる「自分は価値がない」という「洗脳」がすっかり解けました。

「結婚したいと思える彼氏（6歳年下）ができました！」というご報告をいただいた翌年に結婚が決まり、その後、子宝にも恵まれました。

「一生」の自信は「一瞬」で身につけられる！

すべてにコツがあります。自信を身につけるコツもあるのです。

九九を知らなかったら、掛け算はとても大変です。

8×9を指折り数えたら、何分も時間を取られてしまいます。おまけに、計算間違いをする確率も高いでしょう。でも、九九を知っていたら、一瞬で答えが出ます。

「自信が持てない」という悩みも、自信に関する九九みたいな公式を知らないから、苦労しているだけです。

私はかれこれ30年以上「どうすれば自信を持てるのか？」という公式を探求してきました。序章でも紹介しますが、私は子どものころから本当に自信がなく、スポーツ、勉強、音楽、恋愛、仕事と、あらゆるジャンルで挫折《ざせつ》を経験してきました。

・自信がない自分をどうすれば変えられるか？
・どうやったら自信のなさを改善できるか？

この悩みを解決するために、私は人生を費やしてきたと言っても過言ではありません。コミュニケーション改善の専門家として、長いキャリアを通してつちかってきたコツを、この本の中でお伝えしていきます。

この本では、あなたを長いあいだ縛りつけてきた「自分に自信が持てない」「自分には価値がない」という「洗脳」を解いていく方法をたくさん紹介しています。

「洗脳」が解けると、あなたは、人前で苦もなく話せるようになり、誰とでもコミュニケーションが取れるようになったり、本当にやりたいことが見つかります。行動を起こせなかった人も、実際に行動も起こせるようになります。

この本で紹介する技術を使うことで、「一生の自信」が身につくのです。

やりたいことに夢中になると、さらにあなたの魅力が輝き始めます。そして、他人の目を気にする人生が終わりを迎えるのです。

この本が、本来のあなたを取り戻し、明るく前向きな人生を送れる道につながることを、心から願っています。

2019年2月吉日

松橋良紀

「一生」の自信を「一瞬」でつくる本

目次

第1章 「洗脳」を解いて自信を取り戻す心理テクニック

第2章 コミュニケーションの悩みが一瞬で消える質問術

第3章 正しくアプローチすれば人間関係でも自信が持てる

第4章 その勘違いが自信を奪う…思考を変えて新発見

第5章　未来を明るくする「本当の自信」を身につけよう

序章

あなたが自信を持てない8つの理由

1 自虐することが癖になっている

告白します。私は、長いあいだ「自分ほど自信がない人間はいない」と思い続けてきました。ですから、自虐的《じぎゃくてき》なことを言う癖がついていました。

子どものころからスポーツが苦手で「自分は何をやってもダメなやつ」と思い知らされていました。いちばん苦い体験は小学6年生のときです。

クラスの男子全員が野球部だった中で、万年補欠の私でしたが、現役最後の試合に出してもらえることになり、サードに入りました。

ところが、試合直前のウォームアップでノックを受けた私は、5球連続でエラーし、さらに一塁へ大暴投する始末……。見かねた監督が叫びました。

「松橋、下がれ！　おい、中畑！　やっぱりお前が三塁へ入れ！」

そのとき受けたショックは計り知れません。**オリンピックでいえば、金メダルを取って表彰台に上がったら「間違いでした。本当は4位です」と言われたようなものです。**

２年間も野球部にいて、初めて試合に出られると思ったら、試合前のほんの１分くらいのノック練習だけで終わり……。結局、一度も試合に出られませんでした。

この出来事で、「自信が持てない自分」に拍車がかかりました。

「松橋ってブサイクだね」

次の苦い体験は中学時代です。

小学生のころの私は、授業を聞いているだけで学年２位の成績でした。でも、中学生に上がったら、２００人中20位に入るのがやっと。スポーツがイマイチな私にとって、勉強でも存在感がないとなると、頼みの綱が切れた状態です。

そんな中で、中2のとき、違う角度から大打撃を受ける出来事がありました。

ある女子が近づいてきて、こう口走ったのです。

「松橋ってブサイクだね」

これ以降、私は「自分は女性にはモテないんだ。自分はダメなんだ」と思い込み続けることになります。女性の前だと緊張するようになり、まともに話せなくなりました。

それでも、中3に上がって受験勉強を始めたら、停滞していた成績が上がり、学年で10位以内に入るようになりました。おかげで、進学校に入学できました。

ところが、それがまた、ますます自信を失わせることになります。

高校時代に成績は最下位グループへ

初めての期末テストで、なんと学年450人中で430番！

小中では秀才だった私ですが、高校に入学して数か月で落ちこぼれに脱落しました。

いきなり崖《がけ》から転げ落ちた気分で通信簿を親に見せたら、なんと父が泣き出すではないですか！　父が泣くのを見るのも初めてだし、人生の落伍者《らくごしゃ》になった気分でした。

「やっぱり自分はダメな人間だ……」

成績が振るわなかった分、熱中したのがギターです。アルバイトしてエレキギターを買い、当時、大流行していたロックやフュージョンにのめり込んでいきました。

バンドを組んで、地元・青森のラジオ番組に出演したこともあります。「まあまあうまいほうだ」とほめられもして、そのうち「ギタリストになりたい！」「音楽で食えるようになりたい！」と思うようになり、高3の夏、上京を決心しました。

当時、青森から上京するというのは大きな決断でした。今でいえば、地球の裏側にある治安の悪い国へ行くくらいの勇気が必要です。**上京時に「東京に行ったら人前では財布を出すな。いつも腹巻きに入れておけ」「東京に行ったら、声をかけてくる人間はみんなサギだから気をつけろ」という忠告を受けるくらいでしたから。**

一悶着《もんちゃく》はありましたが、どうにか音楽学校への進学を決めて、青森駅のホームから寝台列車に乗って上京し、東京生活が始まりました。

頼みの綱のギターもダメ

音楽学校の授業初日、いきなり打ちのめされました。

特AからEまである6つのクラス分けテストでのことです。最初の課題は、初見で譜《ふ》面《めん》を見ながらアドリブをするというものでした。**その結果、私はなんとEクラス！**

学校でいちばんヘタなランクということです。大ショックでした。

ちなみに、特Aに行った同期は、国民的アーティストのバックバンドのメンバーとして、今も活躍しています。学校の演奏会で彼の演奏を聴いたときには「自分は何年経ってもあんなにうまくは弾けない」と、またまた激しく落ち込みました。

そんな日々が続いたある日、ついに私は、仲間内で楽しくお茶を飲んでいるとき、空気も読まずに心の内を言ってしまいました。

「自分は最悪の人間なんだ。何をやってもダメだし。ほんと、自信がないんだよ」

7人ほどのメンバーは凍りつき、しばらく沈黙が続きました。

今でも忘れません、どう反応したらいいのか困った、みんなの表情を。

私は、それ以降も自虐の言葉を連発していたので、確信を持って言えます。

自虐の言葉は、誰も楽しませることはなく、ただただまわりに大きな迷惑をかけるだけなのです。

２ メンタルスキルを知らない

20代半ばで営業の会社に誘われたのがきっかけとなり、私は音楽の道を断念して、営業に打ち込むことにしました。

その会社は、今では著述家としても有名な青木仁志さんが、独立した直後に立ち上げたばかりでした。社長自ら社員相手に、毎週のように講義してくれていました。

私は、そこで初めて聞く成功ノウハウに、目からウロコが落ちました。

「すべてに法則があるんだ！　自分は自信を高めるコツを知らないでやっていたから、うまくいかなかったんだ」

成功哲学の本をバイブルに、上司や同僚も、熱心に自己啓発しているような会社でしたので、毎日が勉強になりました。

また、その会社には、営業で成功しようという夢に燃えた人たちが集まっていたので、刺激も大きかったです。

４週続けて契約を取れたら、役職がつき、歩合も上がるという規定があったので、私も昇進を必死になって目指しました。

入社して半年後、４週連続で契約が取れました。ようやく昇進です！

営業の世界で味わった5度目の挫折

ところが、クーリングオフ期限のギリギリの日に、解約したいというハガキが届き、残念ながら昇進が取り消しになりました。

必死にやっていた分、反動も大きく、気持ちが折れ、出社もできなくなり、ついには退職となってしまいました。

また「自分は何をやってもダメな人間だ」と、自分を責める毎日が始まりました。

学歴も資格もない私でも、高額収入が得られるチャンスがある職業といったら、営業職くらいしか思いつきません。そこで、固定給プラス歩合の仕事を探していたら、高級家電製品の訪問販売職を見つけました。

さっそく入社しましたが、そこでは最下位グループ……。

「自分は何をやってもダメな人間だ」という状態は変わりませんでした。

人生を変えた心理カウンセラー養成講座

そんな状態で30歳を迎えましたが、私には「もう30歳になるというのに、自分は何をやってもダメだ。このまま売れない営業マンをやっていても未来がない。将来どうしたらいいんだろう?」という焦《あせ》りしかありませんでした。

悶々とする日々をすごしていたとき、友人が「心理カウンセラー養成講座があるんだけど、修了したらカウンセラーの資格がもらえるらしいよ」と、教えてくれました。

長年、自信が持てなかった私ですが、そんな自分を変えたいと思っていました。しかし、心理関係の本をいろいろ読んでも、結果ちっとも変わりませんでした。

まして、講座となると、本代とは比べものにならないほど高額のお金がかかります。

それでも、資格が手に入るならやってみようかと考え、勇気を振り絞り、受講を決めました。

その講座を受講してから、人生の大激変が始まりました。全国４５０人の中で、つねに４００番台と売れなかった私が、いきなり売れ始めたのです。**心理カウンセラー養成講座を受講してから、たった1か月で全国1位になったのです！**

コミュニケーションとメンタルはスキルで決まる

いきなり売れ始めた理由は２つあります。

1つめは、心理学を学んで、対人コミュニケーションスキルが身についたこと。とくに、話し方よりも、聴き方のスキルが身についたことが大きかったです。

心理学を学ぶ前は、お決まりのセールストークを、ひたすら一方的にしゃべるだけでした。でも弾丸トークでしゃべるよりも、よく相手の話を聴いてから勧めた方が売れることがわかったのです。

しかし、コミュニケーションスキルが上がっても、メンタルが変わらなければ大きな変化にはつながりません。2つめは、メンタルスキルで自信が持てるようになったことです。

私も、メンタルスキルを用いて自己肯定感が満たされたことで、自分はダメだという「洗脳」が解けました。

スポーツ、ルックス、勉強、音楽、仕事……。私は、つねに自分に自信を持てない人間でした。他人と比べては、落ち込んでばかり。

前にいた営業会社では、いつも「みんなポジティブなのに、自分はネガティブなことばかり考えているから売れないんだ。どうしたらもっとポジティブになれるだろう?」と考えていました。

ところが、心理学を学んでびっくりしました。**自分のネガティブな部分は、そのままでいいと言うのです。**それどころか、講師は、そのネガティブな部分が、自分にとってとても大事な要素だとまで言いきりました。

その具体的なメソッドや効果は後述しますが、メンタルスキルを用いて自分の弱さを受け入れたときから、私はどんどん変わっていきました。

③ 相談する相手を間違えている

多くの人が変わり映えのしない人生を送っていくのは、人生を変えようとしたとき、間違った方法を選択してしまうからです。

その典型的な代表例は、「相談する相手を間違える」ということ。

私のもとには、相談相手を間違えたばかりに、自分の将来について悩む方がたくさん来られます。その1人、ある27歳の男性Kさんの話をご紹介します。

Kさん「将来は起業したいという夢があるんです。でも、自分は経営者には向いてないと思うので、悩んでいます」

松　橋「どうして、ご自分が経営者に向いてないと思うんですか？」

Kさん「まわりにそう言われるんで」

松　橋「なるほど。では、今まで誰に向いていないと言われましたか？」

Kさん「先輩と、４つ年上の兄です」

松　橋「どんな理由で向いていないということだったんですか？」

Kさん「お前なんかに起業はできないというだけで、とくに理由は聞いてません」

予想どおりのご返答に、ここで私も、核心を突いた質問を切り出します。

松　橋「その先輩とお兄さんは、どれくらい起業経験があるんですか？　会社をいくつ立ち上げて成功させているんですか？」

Kさん「いえ、どちらも起業の経験がありません。先輩はサラリーマンですし、兄は公務員です」

松　橋「起業をした経験がない方のアドバイスを受け入れたわけですか？　しかも、起業家とは真逆の公務員になったお兄さんの意見を？」

Kさん「……そうですね。受け入れてました」

松　橋「受け入れていたのは、どんな理由からだと思いますか？」

Kさん「兄も先輩も、私より人生経験があるので、言うことはすべて正しいような気がしてました」

まるで八百屋さんに行って、「株を買うならどこの会社の株がいいですか？」と聞き、「今は不況だからやめたほうがいいよ。うちはどんどん売上が下がっているもん」と言われたから投資をやめるようなものです。

それと同じ間違いをして、夢をあきらめる人が、世の中にはたくさんいます。

経験者に相談するのも注意が必要！

では、すでに何社もの起業を経験している経営者に相談し、「あなたには営業力がないから起業家に向いていない」「アイディアが陳腐《ちんぷ》だから起業は無理」などと言われたら、あなたはあきらめるべきでしょうか？

経験者からのアドバイスなので、一見、正しいように思えますが、このように言われるとしたら、これも相談する相手が間違っている可能性があります。

なぜならそのアドバイザーは、自分の編み出した方法や経験に自信があり、その点からあなたを評価しようとするからです。

その方法は、その人には向いていて、たまたま合っていただけとも言えます。それがどんな人にも合うかどうか、それこそ相談者にも合うのか、あるいはほかの業種にも使えるかどうかは、やってみないとわからないことです。

これは、売れない営業マンが、売れる営業マンに相談するのと同じです。売れている人のメソッドが、売れない相談者に合うかどうかはわかりません。

適切ではない相手への相談は、逆に遠回りになってしまうことがあります。しかも、相談しているうちに自信を喪失していくのです。

相談する相手は慎重に選びましょう。相談相手を選ぶ条件としては、自分がやりたいことをサポートしてくれる方で、そのやり方で実績を出したことがある人かどうか、少なくともこの2点は必須事項となります。

④ よく反省していませんか？

自信がない人の多くがやっているダメなこと。その代表が「反省」です。あなたも「何で今日は、あんなことを言ってしまったんだろう。どうしてやってしまったんだろう」と反省をしていませんか？

じつは、この反省がよくありません。**反省するというのは、自分を痛めつける作業です。**反省することは、脳の動きをにぶらせます。

営業マン時代のことです。当時の営業部長が交代して、新しい部長がつくった新年のスローガンがＦＡＸで届いてびっくりしました。

１枚目には「日々反省！」とだけ大きな筆文字で書かれてあり、２枚目には「それを社内の壁に貼りつけろ」「夜は毎日欠かさず反省会をしろ」と書いてありました。

これをきっかけに、上司が毎日「何がダメだったのか?」「どうして売れなかったのか?」を社員に問い詰める会社へと変わりました。

反省会では、自分がいかにダメなのかを言うと、上司も満足して「しっかり反省しているな」とほめられます。逆に、ダメな部分のアピールが足りないと、「お前はしっかり反省していない!」などと怒られます。

つまり、上司の仕事が「部下に反省させること」になってしまったのです。

そうしているうちに、どんどん社員は疲弊していき、精神的に病んでしまう人も出てきました。ずっと出社しないまま、いつの間にか退職する人も増えていきました。

私も、その会社をやめて、研修講師の職につきたいと思い、転職活動を始めたものの1社も受かりませんでした。自分の仕事に限界を感じながら、それでもなんとか続けていましたが、全身に蕁麻疹《じんましん》まで出始めてしまったのです。ついに我慢の限界を越えて、次の就職先が決まらないうちに退職しました。

すると、まず蕁麻疹が数日で消えました。いっさいの跡形もなく、きれいに消えたのです。意識では、収入もいいし、まだやれると思っていたつもりでした。ですが、体は悲鳴を上げていたということでしょう。

結局、講師ではなく、ナポレオン・ヒルや、ジョセフ・マーフィーといった成功哲学の教材を売る会社に縁があり、入社にいたりました。その会社を選んだのは、大好きな自己啓発に関わるということと、営業でがんばれば、講師への道もひらけるというのが大きな理由でした。

「反省は禁止！」という会議にびっくり

新しい会社での初めての営業会議で、とても大きな衝撃《しょうげき》を受けました。

50人くらいが口の字になっての会議で、営業部長が進行係です。

部　長「では、Aさんから1人ずつ、先月の結果の報告と、来月の抱負をお願いします」

Aさん「はい、営業1課のAです。先月は目標に対して、80%の達成率でした。売れなかった理由はアポイント不足で、それは……」

部　長「Aさん、反省はしなくていいです！」

Aさん「あ、部長、すみません。今月は、こういった課題で取り組んでおり、１００％達成を目指します」

なんと、会議では反省禁止なのです。

その会議では、私と同じく初めて参加する人がかなり多く、みな同じように反省を口にしていました。**しかし、そのたびに営業部長から「反省はしなくていいです！」と注意を受けていました。**

この光景に、私が心から驚いたのは言うまでもありません。前の会社では「毎日反省しろ！」が当然でしたから。あれほど反省するのがイヤだったはずなのに、自分の番になったとき、やはり私は反省を口にしてしまい、もちろん注意されました。

「あやまりなさい！」という教育の弊害

なぜ、それほどまでに、人は反省をしたがるのでしょう？

反省することで、ほかの人にがんばっている姿や改心した顔を見せれば許してもらえる、という「洗脳」があるのかもしれません。そう考えると「あやまりなさい」という、日本で広く見られる教育が、そもそもの原因だと言えます。

子どものころ、何か悪いこと（大人にとって都合の悪いこと）をしたら「言い訳するな」「あやまりなさい」と怒られ、「ごめんなさい」という反省を強要されます。

これは「反省さえすれば、場をやりすごせる」というパターンを教えてもらっているようなものです。

たしかに、世の中には、一言でも謝罪があれば済んだのに、それをしなかったために大問題に発展してしまうこともあります。謝罪の一言がほしくて裁判を起こす人も多いようです。そういう意味では、反省する態度を見せることは、社会人に必須の処世術とも言えます。

しかし、反省することを習慣にしている人は、「自分はダメだ」と言い聞かせ続けるようなものです。世間をうまく渡っていくために身につけた処世術が、自尊心をいつも傷つけることにもなってしまいます。

これでは、自信が持てなくなるのも当然です。反省は今日からやめましょう。

5 無意識に過去の失敗を強化している

あなた「ほら、3年くらい前に、こんなことがあったよね？」
相　手「は？　あったっけ？　全然覚えていないなあ」
あなた「ええ！　あんなに大きな出来事だったのに覚えてないの？」

こんなふうに「あんな印象的なことを覚えていないなんて！」と、びっくりしたことはありませんか？

同じ経験をしていても、人によって記憶の中身は違います。あなたは大事として覚えていたことでも、相手には忘れてもいいくらいどうでもいいことかもしれません。

楽しい記憶なら、たくさん覚えていたいものですが、忘れたいほどイヤな思い出ほど覚えているものです。なぜ、イヤなことほど覚えているのでしょうか？

それは、過去のイヤな記憶を、私たち自身が何度も繰り返して思い出し、無意識に記憶を強化しているからなのです。

イヤなことをアウトプットしない

私が、心理治療の現場で使用され、ビジネスや教育などの分野でも応用されるNLP（神経言語プログラミング）を学んだのは、30歳をすぎてからです。NLPを学んで感動した私が「将来、NLPコミュニケーションの講師になろう！」と考え、まずブログを始めたのは、起業する2年前のことでした。

ブログを開設してからは、心理学関連の書籍を手にしつつ、毎日、記事を書くことで、心理学への理解がさらに深まっていきました。一度アウトプットしたことは、人前ですぐに言えるくらい記憶に残っているので、講師として独立した今も役立っています。

記憶は、アウトプットすることで、とくに強化されます。本を読んだりネットで知った知識や情報を記憶するには、人に話したりブログに書いたりして、アウトプットするのが最高の方法です。

逆に、忘れたい体験なのに、何度も人に話したりしていると、そのときの無念や悔しさで記憶を強化します。

そのたびに何度も思い出しては、「ああすればよかった、こうすればよかった」と後悔するのは、マイナスの記憶を強化していることになるのです。

マイナスの記憶を繰り返すことで、自己肯定感を低くして自信を失わせていきます。

「うれしかったことリスト」をつくろう

私のセミナーに来た方であれば、ほとんどの方が経験している実習があります。それは「うれしかったことリスト」づくりです。

「なんでもかまいません。うれしかったことを、４分間でリストアップしてください」と指示をすると、早い方だと20個くらいリストアップします。

ところが、４分間で５個くらいしか書けないという方もいます。うれしかったことを思い出せないという人が、意外にも多いのです。

また「悲しかったことや、怒ったことならたくさん書けます。だけど、うれしかったことは、まったく浮かばないです」とおっしゃる方もいます。

自己肯定感が低い人は、自分に対しての基準を高く設定します。だから、ちょっとやそっとのことを、うれしかった体験にしたくないようです。

その一方で、楽しかった記憶やうれしかった記憶を強化せずに、悲しかったことや、怒りに感じたことを強化しているのです。

リストはつねに持ち歩く

あなたにおススメするのは、うれしかったこと、楽しかったことをリストアップし、手帳に書きためておくことです。さらに、それをつねに持ち歩いてください。イヤなことがあったら、その手帳を開いて読み返してみましょう。

うれしかった記憶や、楽しかった記憶を強化し、マイナスのイメージをできるだけ速やかに排除しましょう。

イヤなことを思い出すために時間を使う必要はありません。どうしても落ち込んでしまう場合もあるでしょうが、そんな時間は、楽しい時間を彩るためのスパイス程度で済ませることです。

⑥「すみません」を多用している

青森から上京してきたばかりのころ、私のコミュニケーション力は皆無でした。

何か口を開くと聞き返されるし、なまっているせいで笑われる……。

そんなことが続くので、あまりしゃべらなくなり、次第に「松橋は無口だな」「お前は何を考えているのかよくわからない」と言われるようになりました。


20歳になり、グループで飲みに行ったときのことです。

その中にいた同い年の女性に注意されました。

女性「松橋くん、お醤油《しょうゆ》を取ってあげると『すみません』、サラダを取り分けたら『すみません』、何か情報を教えたら『すみません』……。すみませんばかりだね」

松橋「あ、すみません」

女性「いや、だから、そういうときに謝られるのがイヤだってことよ。そういうときは『ありがとう』だよ。そのほうが、こっちもしてあげたときに気持ちいいよ」

松橋「あ、すみません」

彼女はとてもやさしく諭してくれましたが、私には大ショックでした。

青森にいたときには、親も兄弟も親戚も、誰かに何かしてもらったときには、みんな「すみません」か「悪いな」でしたから。なんだか「ありがとう」というのはとても照れくさく感じていました。

そもそも、家族であいさつもろくにしない環境でしたから、「ありがとう」を使うにはかなりの努力が必要でした。

ですが、それをきっかけに「ありがとう」を言うようにしました。

「ありがとう」は自信につながる言葉

そうした背景があるので、私は「すみません」という言葉を聞くと、神経過敏なくらいに気になります。

『すみません』より『ありがとう』のほうが気持ちいいですよ」と、教えてあげたい場面もしょっちゅうあります。

相手の気持ちを考えたら、何かしてもらったことに対してあやまるのではなく、「ありがとう」と感謝を伝えるべきですよね。

すぐにあやまるのは、一見、腰が低いように見えますが、相手の気持ちに配慮ができないということでもあり、じつは自己中心的とも言えます。

自分の気持ちにだけ意識が向いているから、相手がどうすれば喜んでくれるのかに意識が向いていません。

次のテーマにもつながりますが、他人への感謝が足りない人は、自信が持てない人によくある傾向なのです。

7 他人に感謝する習慣がない

テーマ5で、「自分への基準が高すぎるのが理由で、うれしかったことをなかなか思い出せない人がいる」というお話をしました。

その基準の高さを、自分に当てはめるだけでもこうした問題が起きるのに、さらに他人にも当てはめてしまうことで、より不幸なことが起きます。

感謝が足りない人は、つまり「やってもらって当たり前」の基準が高すぎるということです。「これくらいなら、やってくれても当たり前」ということが多いです。

そんな私も、かつては人への感謝が足りなくて、損な人生を送っていました。

ある営業系のセミナーを受講したときのことです。

セミナーが始まり、20人全員が自己紹介を終えたところで「では早速、参加者全員でそれぞれ1人ずつに対し、見た目のマイナスの印象を言い合ってください」という指示が与えられました。

指名された参加者の1人が椅子から立ち上がると、その人に向かって、次々とほかの19人がマイナスの印象を言っていく形式です。

これは、初対面の人たちから、ネガティブな印象を率直にフィードバックしてもらうことで、自分がふだん、お客様にどういう印象を与えているのかを理解することが狙いです。

「他人に感謝しなさそう」というオーラ

さて、始まったのはいいですが、何度か参加していそうな人が率先して、ほかの人たちに辛辣《しんらつ》なことを次々と口にしていきます。言われている人を見ていると、とても見ていてかわいそうなくらいです。

いよいよ、私の番が回ってきました。私が椅子から立ち上がると、ほかの19人それぞれから言われっぱなしで、続々と矢が飛んできます。

たしか、次のようなことを言われました。

「気が弱そう」

「冷たそう」

「若づくりしていそう」

「売れなさそう」

「つまらなそう」


はいはい、そうでしょうとも。まあ理解できますよ。

ここまではともかく、次に言われた一言を、今でもよく覚えています。


「人に対しての感謝を全然してなさそう」


え？　私って、そんなふうに見えますか？

同じようなことを言う人もたくさんいて、自分としてはショックでした。

ようやくサンドバッグ状態が終わって気づいたのは、自分では隠しているつもりでも、「ありがとう」と言わない性分が出ていたのだということです。

私自身も言う側になったときに感じたことを言いました。ですが、ネガティブな印象はほかの人とたいてい重なっていました。自分が感じたことは、みんなも感じているのです。

その人の表情や身のこなし方から出ているエネルギーは、隠しているつもりでもにじみ出てしまうのです。

私も「自分が嫌いだ」「人に感謝したくない」などのエネルギーが出ていたのでしょう。すっかり見抜かれていました。

自分に自信がない人や、ネガティブな傾向が強い人ほど、カウンセリングすると「感謝の言葉がわいてこない」とおっしゃいます。自分自身を批判することが多いから、自己肯定感が下がってしまい、自分に自信が持てなくなるのです。

すると、他人にも感謝ができないという悪循環ができあがってしまいます。この悪循環を断ち切る必要があるのです。

⑧ ひかえめな日本人の遺伝子が原因

セロトニンという神経伝達物質があります。「幸せホルモン」とも呼ばれていますが、90％以上が小腸にあり、消化を助ける働きがあります。

じつは脳にもありますが、ここにはわずか2％しか存在しません。

ただ、これが人の心に大きく影響を及ぼしています。

セロトニンが不足すると、睡眠障害や不安感が強くなったり、うつ病の原因になったりします。うつ病の治療薬として実際に使用される「ＳＳＲＩ」は、セロトニンの欠乏を防ぐ働きがあります。

このセロトニンを運んでくれるのが、セロトニントランスポーター遺伝子です。セロトニントランスポーター遺伝子には、長さが短いＳ型と、長さが長いＬ型があります。その長さから、セロトニンの伝達量が3種類に分類されます。

・ＳＳ型　もっとも少ない
・ＬＳ型　中間
・ＬＬ型　もっとも多い

ＳＳ型はセロトニンの伝達量が少ないため、ネガティブ思考になりやすく、神経質で不安を抱えやすいです。反面、とても気づかいが行き届いて、おもてなし精神が高くなります。

ＬＬ型は、セロトニンの伝達量が多いため、ポジティブで前向きで楽天的です。その反面、おおざっぱで能天気とも言えます。

アメリカ人のセロトニントランスポーター遺伝子を調べると、ＬＬ型が約33％です。ところが、日本人のＬＬ型は、たったの２％だけです。

ＳＳ型が68％、中間のＬＳ型が30％、合わせて98％の日本人は、楽天的ではないということです。

日本がラテンの国などと気質が違うのは、遺伝子の違いのせいだったのです。
どうして、このような遺伝子になってしまったのでしょうか？

日本は自信を持ちにくい国だった？

諸説あるようですが、ある説によれば、日本には何度も飢饉《ききん》が発生したせいだそうです。島国で逃げ場所もないため、天災や飢饉のたびに耐えるしかなく、そのときの記憶が遺伝子に刻まれた結果だと言います。

また、村社会の中でつちかわれた相互扶助や、和の精神も関係しているそうです。日本人のサービスは、世界でもトップクラスと言われます。気づかいやおもてなしの精神は、世界に誇れる素晴らしい文化です。

しかしその反面、ネガティブ思考にはまりがちで、また危機意識が強いあまり神経質になりやすく、不安感を抱きやすいという面があります。

物事には、すべて表と裏があります。自信が持てないという人は、ネガティブで神経質になりやすく、不安感を抱きやすいわけです。

では、どうしたら自信が持てるのかを、次の章からは具体的に、できるだけわかりやすく紹介していきます。

第1章

「洗脳」を解いて
自信を取り戻す
心理テクニック

1 脳の洗脳は、ほんの数回の出来事から始まった

前章では、自信が持てない理由を8つあげましたが、いずれも脳の中で誤作動が起きてしまっていることが原因です。

この本では、この誤作動を「洗脳」と呼ぶことにします。

どんな洗脳が起きているのかを、私が「女性にモテない」と思い込むようになった原因から検証してみましょう。

①中2のとき、ある女子生徒に「ブサイクだ」と言われた。
②高校時代に気になっていた彼女が、ほかの男子と一緒に帰っているのを見かけてショックを受ける。告白もしていない相手なのに、自分はやっぱりダメだなと落ち込む。
③高3の秋にようやく彼女ができたのに、私が上京して遠距離恋愛になると、ほんの1

か月目で「先輩とつき合うことにした。アンタとはもうつき合えない」と言われてフラレる。以後、半年以上クヨクヨと後悔し続ける。

④それから数か月後、友人のY子にアタックするも、「お友だちでいましょう」と断られる。自分は魅力がないんだと、ますます落ち込む。

⑤Y子にフラレて2か月後、10年来の親友から「じつはY子とつき合っている」と告白される。「自分は女性にモテない、価値がない男だ」と確信するに至る。

どれも大ショックでしたが、いちばんダメージが大きかったのは、③の「アンタとはつき合えない」とフラれたときです。

アンタ呼ばわりされたときには「今までつき合ってきたあの彼女と同じ人間か？」と耳を疑ったほどです。それから半年以上「やはり上京しなければよかった」とか、「もっとああすればよかった」などと、後悔しっぱなしでした。

そういった経緯から「自分はモテない」→「自分は魅力がない」→「だから自分は価値がない人間だ！」というマイナスの連鎖《れんさ》が起き、結果、自己イメージの低い人間となったわけです。

たった数回のことが自信を失うきっかけに

でも、よく考えてみると、中学生のころ、つき合いたいとも思っていなかった、たった1人の女性に否定され、高校時代に好きだった女性とつき合えず、高3でできた彼女にフラれて、上京後にまたフラれた……。

つまり、たった4人の女性と縁がなかっただけです。

それなのに、世界中から拒絶されたように感じていたわけです。

コミュニケーション講師になってから十数年間、たくさんの悩みを聞いてきました。そのほとんどが「自信が持てない」「自分には価値がない」という悩みがベースになっています。

あなたもそうかもしれません。

では、質問します。その悩みは、いつから抱えてましたか？

私の経験上、「物心がついたころから」と答える人が約7割です。「中学や高校時代から」という方は約2割、「大学時代や社会人になってから」という人が約1割です。

つまり、40歳代で自分に自信が持てないとおっしゃる方の7割は、30年以上も悩んできているわけです。

それほど長く悩むくらいですから、よほど傷つく経験や、落ち込む出来事がたくさんあったのだろうと思うかもしれません。

ところが、実際に訊いてみると、私のケース同様、ほんの数回ほど否定されただけなのです。それが、何十年もの悩みの原因になっているのです。

特定のごくわずかな人に否定されただけなのに、「自信が持てない」「自分には価値がない」「自分はダメな人間だ」と思い込んでしまう……。

まさに脳の誤作動が起きている状態です。

具体的な技術は後述しますが、誤作動の修復は簡単です。何十年も悩み続けてきた自信のなさから、びっくりするほど解放されるようになります。

洗脳とマインドコントロールの違い

1990年代にカルト教団が複数の事件を起こしたことにより、洗脳とマインドコントロールという言葉がよく使われるようになりました。

洗脳とは、強制力を用いて相手の心を支配することを言います。強制力の手段としては、虐待《ぎゃくたい》や拷問《ごうもん》などの直接的な暴力や、薬物や電気ショックなども含みます。

一方、マインドコントロールとは、巧みな話術で相手の心を変えるように導くことです。宗教団体などは、暴力などの強制力をともなわずとも、繰り返し繰り返し信者たちに教義を教え込みます。

多くの会社では、その会社の文化を繰り返すことで、社員の忠誠心を高めていきます。テレビCMも、何度も繰り返すことで、商品名を脳に刷り込みます。

これらも洗脳と表現することがありますが、本来はマインドコントロールを意味するのが大半です。

しかし、この本では、あなたが知らず知らずのうちに導かれて潜在意識に刻まれてしまった考え方に気づいていただくため、あえて「洗脳」という言葉を使っています。

❷ トラウマはどのようにつくられるのか？

あなたが常識だと思っていることや、信念、観念。

それは、親や兄弟、友だち、先輩、先生、好きだった映画、テレビ、本など、あなたが今まで見聞きしてきたことで洗脳された結果です。

自分の考えだと思っていることでも、じつは自分で考え出したことはほとんどありません。

少なからず誰かの影響を受けて、あなたの考え方や信念や観念はできた、ということを知っておきましょう。

脳に情報がインプットされて記憶になるには、視覚、聴覚、触覚、嗅覚、味覚と、5つのルートがあります。

視覚と聴覚以外の「触覚、嗅覚、味覚」は、直接的に身体に関わる情報です。そこで、この「触覚、嗅覚、味覚」の3つをまとめて、「身体感覚」と呼びます。

視覚、聴覚、身体感覚の各情報が、脳の中にインプットされ、記憶となるのです。

このいずれかの記憶と、強い恐怖の感情が組み合わされたものが、トラウマです。

たとえば、上京して1か月目に、彼女に「もうアンタとはつき合えないから！」と言われてショックを受けた記憶を例に説明しましょう。

①視覚情報の記憶

場所は古いコインランドリー、洗濯機と乾燥機がひしめき合っている8畳ほどの広さです。目の前には、ピンクの公衆電話が見えています（まだ携帯電話は普及していませんでした）。その上に積み重ねた数十枚の10円玉。

床はデコボコしたコンクリートが敷き詰められています。視界の隅には、笑顔でイチャイチャしている20代半ばのカップルが見えます。

そんな中で、ショックなことを言われて頭が真っ白です。視界から色が消えたような状態を感じています。

②聴覚情報の記憶

「もうアンタとはつき合えないから!」と、彼女が冷たく言い放った声が左耳から聞こえ、自分の叫び声もコインランドリー内で響き渡っています。

「え、アンタ? 何、その呼び方! 名前すら呼ばないのか! いや、そんな問題じゃない! つき合えない? なんで!」

③身体感覚情報の記憶

突然のことに胸がドキドキして、身体中がカーッと熱くなるような感覚です。

そして、怒りの感情がわき出し、叫んで、しばらく言い合い続けているうちに、「もう関係は終わったんだ……」というあきらめと悲しみ、絶望の感情が押し寄せてきます。

身体が重くなり、心臓をわしづかみされたような苦しい感覚です。

「もう話すことはない」と電話を切られて、呆然と受話器を握りしめています。

あのときの視覚、聴覚、身体感覚を再現すると、何十年経った今でもかなりイヤな気分に浸れます（笑）。

このように、視覚、聴覚、身体感覚のいずれか、あるいは複合された感覚に対して、反射的に恐怖の感情をつなげてしまう状態を、トラウマや恐怖症と呼びます。

脳の中にある「イヤな記憶」は編集できる

ちょっとイメージしてください。あなたは映画の編集室で映像を編集しています。観客を泣かせたいシーンです。

どのように編集しますか？

役者が泣き始めたら、その泣き顔を画面いっぱいにズームアップ。さらに悲しい曲をBGMとして挿入《そうにゅう》し、音量も最大にするでしょう。ズームアップと音量を最大にすることで、影響力を強めると思います。

マイナスのイメージに引きずられてしまう人は、イヤな体験のイメージを、これと同じようにわざわざ影響力を強めて再現しているのです。

・あのときのイヤな体験の映像を、ズームアップして見る。
・映像の位置は自分の真正面に置く。
・最大の音量で、あのときのイヤな言葉を聴く。

こうして、イヤな感情が反射的にわいてくるように、脳の中で設定しているのです。
つまり、この仕組みを知れば、過去の記憶も変えることができるのです。
では具体的に、どう過去の記憶を変えていくのか、次の項目からご紹介していきます。

③ 忘れたい記憶のイメージを小さくしていく

「10年前に人前で恥をかいた、あのときのショックが脳裏から離れない」という男性Aさんがいました。

ある会議で、人前（50人くらい）に立ち、10分ほどプレゼンをする機会があったそうです。みんなの前に立った瞬間から頭が真っ白になり、しどろもどろのまま、うまく話せずに終わったところ、社長から「何を言ってたのかよくわからんかったな」と言われたとのこと。

そこからは何も覚えておらず、10年経った今も、とにかくあの場面を思い出すと自信がなくなり、気持ちが落ち込んでしまうと言います。

こういった忘れたい記憶は、脳のプログラミングを変えることで、あっという間に悩みが消えます。

まずは、落ち込むときに、脳で起きているイメージがどうなっているのかを、Aさんにインタビューして書き出してみます。以下のようなことがわかりました。

【視覚情報を書き出す】

・自分の姿は見えなくて当事者の状態
・50人の冷たい視線がこちらを向いている映像
・色は鮮やかなカラー
・100型サイズの大画面
・方向は真正面
・画像との距離は1メートルくらい

【聴覚情報を書き出す】

・社長の「何を言ってたのかよくわからんかったな」という声が聞こえる
・音の発生源は頭の右上
・低音でずっしりした声

・音量は最大音量が10だとしたら8くらい
・声はミドルテンポ

【身体感覚情報を書き出す】
・胸が圧迫される感じ
・身体は重い
・気分が落ち込む

彼の脳の中では、視覚、聴覚、身体感覚が、以上のように設定されていることがわかりました。たしかに、このプログラミングだと、落ち込まないほうが難しいです。
では、この中から、視覚と聴覚の情報を変えていきます。

【視覚情報を変える】
①自分の姿は見えなかったので、当事者イメージになっている。そこから抜け出して自分の顔が見えるようにイメージする

②50人の冷たい視線がこちらを向いている映像の色を、カラーからセピアに変える
③100型サイズの大画面を、どんどん小さくし、1センチ四方の画面に縮小する
④画像を真正面から左下へ移動させる
⑤画像との距離は、1メートルくらい先から、10メートル先、50メートル先、100メートル先へ移動する

【聴覚情報を変える】
①社長の「何を言ってたのかよくわからんかったな」という声を、高速にする
②カラオケのリモコンのキーコントロールボタンを押す要領で、低音でずっしりした声を、ミッキーマウスのような甲高い音に変える

わざわざトラウマになる作業を続けてきた

松　橋「はい、終わりました。あの出来事を思い出してみて、いかがですか？」
Aさん「うーん、そうですね……なんか、思い出すのが難しくなりました」
松　橋「ご気分はどうですか？」

Aさん「イヤな感じがなくなりましたね。いい意味で、もうどうでもいいかなーという気分です」

このような手順を追い、脳のプログラミングを変えてしまうことで、あのイヤな場面の影響を受けなくて済むようになります。

最初のうちは、コツをつかむのが難しいと思いますが、Ａさんのように思い出すのが難しくなることを目標としましょう。

今までは、思い出したくない場面を、わざわざ大画面にして近距離の真正面に置いて、何度も再生ボタンを押し、低音のずっしりした社長の声を聞き続けてきたわけです。それでは、10年経っても忘れるどころか、トラウマになってしまうのも当然です。

でも、それは数十分で変えられます。

自分でやってみて、どうしても難しいと感じる人は、プロのカウンセラーにやってもらうのがおススメです。

④ 五感と組み合わせてアンカリングを使いこなそう

では、Aさんより、さらにひどい症状が出るとしたら、どうすればいいでしょうか。

「人前に立つと、緊張して頭が真っ白になる」
「女性を目の前にすると、声が震える」
「あの上司に呼ばれると、胃のあたりが痛くなる」

このように、特定の場面でなんらかのマイナスの症状が出るとしたら、ネガティブなアンカリングが成立していると思われます。
もともとアンカリングとは、船が接岸《せつがん》した際、海底にアンカー（錨《いかり》）を打ち込んで、流されないようにすることを意味します。

そこから心理学では、五感を通じて情報が脳に届くと、特定の感情や反応が引き起こされる状態をつくることを「アンカリング」と言います。

アンカリングは「条件反射」と同じ意味で使われます。

条件反射とは、ロシアの生理学者イワン・パブロフによって発見された「パブロフの犬の実験」が有名です。

犬にメトロノーム（ベル、ホイッスル、手拍子）を聞かせ、その後エサを与えます。これを繰り返して条件づけすると、犬はメトロノームの音を聞くだけで唾液を出すようになりました。つまり、音が刺激になって、唾液という反射を引き出しています。

刺激は、音だけではありません。

視覚、聴覚、触覚、嗅覚、味覚の五感が刺激になります。

たとえば、子どもたちの写真を見ると、愛しい感情がわいてくる状態は、「子どもたちの写真」という視覚的な刺激が、ポジティブな感情にアンカーされていることで生じる視覚のアンカリングです。

ほかにも、映画「スター・ウォーズ」や「ロッキー」のテーマソングを聞くと、元気が出てきたり士気が鼓舞されたりするのは、聴覚のアンカリングです。
愛用のネックレスを触ると気分が落ち着くのは、触覚のアンカリング。
好きな人の香水を嗅《か》ぐとドキドキするのは、嗅覚のアンカリング。
なつかしい味を口にすると故郷の母を思い出すのは、味覚のアンカリングです。

なぜ、あなたは緊張してしまうのか?

たとえば、Aさんと同じように「会議の場で失敗してしまった。それ以来、人前で話すことに緊張してしまって、自信を持てない」というケースで考えてみましょう。

流れとしては、以下のようになります。

①視覚刺激

場所は会議室。目の前に人がたくさんいる。こちらを鋭い目で見つめている。

②聴覚刺激

自分が話している声が聞こえる。緊張してちょっと上ずっているようだ。

「やばい！　緊張している！　あ、また噛んでしまった！　口もうまく回らない！　また失敗する！」という心の声が聞こえてくる。

③身体感覚刺激（触覚・嗅覚・嗅覚）

口の中が乾いてきた。身体が重い。集中力がなくなり、頭が回らなくなってきた。頭が真っ白になり、何をしているのかわからない状態。

このように、人前に立つことで、恐怖や不安の感情が引き起こされるアンカリングが成立すると、いくら練習を積んでも、人前に立った瞬間、スイッチが押されたかのように緊張状態になってしまいます。

「がんばって緊張しないようにしよう」などという努力は、かえって逆効果です。

この状態を克服するには。ポジティブなアンカリングを成立させる必要があります。

そのための「ポジティブアンカー」を、次の項目を参考にしてつくってみてください。

5 「ポジティブアンカー」で緊張知らずの自分になる

「ポジティブアンカー」をつくる手順は、以下のとおりになります。

①アンカーの型を決める

いつでも元気に、パワフルになれるアンカーをつくります。そのために「二の腕をつかむ」や「手首を空いているほうの手で握る」など、アンカーとなるものを決めます。アンカーの対象をモノにすると、それがないときに困るので、腕や手はおススメです。

②リソースを引き出す

今までの人生の中で、人前でうまく話せたり、成功したりした体験を、1つだけ決めます。もし、そういう体験がなければ、楽しかった体験や、うれしかった体験でも構いません。

③当事者としてイメージする

成功した体験や、うれしかった体験を思い出します。当事者としてイメージする場合、視覚イメージには、自分の姿は映りません。イメージの中に広がる色は鮮やかで明るく、100型の大画面テレビを1メートルの距離で見ている状態にします。

④アンカリングをつくる

気分が高揚した瞬間に、決めておいたアンカーを触ります。触った場所や、圧力がアンカーとなります。

「一生」の自信が「一瞬」でつくれる!

以上のアンカーをつくったら、緊張しそうな場面になったとき以外にも、テンションを上げたいとき、集中力を高めたいとき、ネガティブなイメージがわいてきたときなどに、すぐに使いましょう。

すると、いつでもポジティブで、テンションが上がるメンタル状態を再現できます。

人前に立つときや、勇気が必要なとき、集中や気合を必要とする作業に取り組むとき、お客様との大事な商談の前など、用途は無限です。

効果が薄まってきたと感じたら、このポジティブアンカーの手順を踏んで、アンカリングを強化していきましょう。そうすれば、一生使える武器になります。

⑥「ネガティブアプリ」が暴走している！

パソコンを買い替えたりすると、いろんなアプリが最初からインストールされています。

では、「消極的でネガティブな自分に悩んでいる」という方に質問です。

今まで生きてきた中で、積極的になったことは一度もないでしょうか？

人生で1回も積極的になったことのない方が、果たしてこの本を自主的に買い、ここまで読んでいるのでしょうか？

そして、いつもネガティブなのでしょうか？

おそらく、そんなはずはないでしょう。あなたをポジティブにさせるアプリは、しつかりとインストールされているはずです。

ただし、必要なときに作動してくれていないだけです。

自分がネガティブな人間だと思っている方は、パソコンやスマホに例えれば、ネガティブ思考のアプリが作動し続けているようなものです。

そのアプリは、何かの必要があって、いつだったか忘れるくらいの古い昔に、あなたの脳にインストールされました。

ネガティブ思考のアプリ、消極的なアプリ、自信がないアプリ……。

これらのアプリは、一見、必要がなさそうに見えます。自分がやりたいことをいつも邪魔しているアプリのようです。

それでも、じつは何かの必要があってインストールされたのです。すべてはあなたを守るために、あなたの潜在意識に組み込んだのです。

「ネガティブアプリ」はバージョンアップする

これらの「ネガティブアプリ」が問題なのは、いつごろにどんな場面で必要だったのでしょうか。そのきっかけや動機が、とても重要です。

多くの思い込みや信念は、10歳までに身についたものだと言われます。実際に「自信が持てない」という方の大半が、物心ついたときからそうだったとおっしゃいます。

ですから、多くのアプリは、幼児期から小学生4年生くらいまでのあいだにインストールされます。それが、人生にブレーキをかけ続けてしまうのです。

あれは、私が8歳のころ、正月に親戚《しんせき》まわりをしたときのことです。

私は、伯母からお年玉をもらうと、無邪気にもこんなことを言いました。

「おばちゃん、お年玉ありがとう！　あ、1000円入ってる。でもあっちのおばちゃんは2000円くれたよー」

伯母は、母にとって兄の嫁です。

その場で、母から「こら！　何言っての！　おばさん、ごめんなさいね～」と注意されましたが、帰宅後にしこたま怒られたのは言うまでもありません。

もちろん、今なら「我ながらなんと失礼なことを言ったのか」とあきれますが、当時8歳の私には、何で怒られるのかよくわかりませんでした。

とにかく、「人前でお金のことを言うと、怒られる。だからダメ」というアプリは、そのときにインストールされました。

ほかにも、子どもながらの不用意な発言で、怒られるたびにアプリがインストールされていきますが、やがて、そのアプリはバージョンアップ（進化）します。

私の場合も「人前でお金のことを言うのは怒られるからダメ」というアプリから、「人前でものを言うのはダメ」というアプリに、いつの間にか進化していました。

そのうち「人前で話すのが恥ずかしい」とか「人前だと緊張してしまう」というアプリにバージョンアップされてしまったのです。

でも、もとはといえば、ほんの8歳の体験からインストールしたアプリです。「人前で話してはいけない」というのは、人前でしてもいい話題の判断がつかない小学生のころには、とても便利なアプリでした。

そのアプリを、30歳や40歳になっても使い続けていることが問題だったのです。

7 お金が悪い？　謎の清貧洗脳が自信を奪う

前の項目でも出てきましたが、とくにお金は洗脳にかかりやすいものの1つです。

「金持ちは傲慢《ごうまん》でイヤな奴が多い」
「人から搾取《さくしゅ》しているから金持ちになれる」

ここまで極端でなくても、お金やお金持ちに対して、マイナスのイメージに洗脳されている人はたくさんいます。潜在意識の中に「お金持ちに見られると損をする」とか「お金があると不幸になる」というマイナス信念を持っている人も多いです。

お金をいくら稼いでも、いつもお金に困っている人がいます。**「お金が悪」という思い込みがつくられていると、どんなに稼いでも豊かになれないのです。**

では、このような清貧という考え方に、いつどこで洗脳されたのでしょうか？ 人が身につけているすべての考え方や言葉、信念や思い込みは、親や兄弟、先生や友人などの影響を受けたものです。また、テレビや映画といった映像や本なども、洗脳にとても大きな力を持ちます。

たとえば、日本人に大きな影響を与えているドラマが「水戸黄門」です。あらすじを説明する必要もないでしょうが、「水戸黄門」では、名もなき町人や村人が、権力者にしいたげられる場面から始まります。

町人や村人は、貧しく質素な生活をしている善良な人で、悪者はお代官様や地域の実力者、彼らにすり寄る大商人など、必ず権力者や富裕層が悪者となります。

つまりお金を持っていない人は善良な人で、お金を持ってる人は悪い人という構図です。こういったわかりやすい対比で、最後にはお金持ちの悪が懲《こ》らしめられます。

夕方に何度も再放送されてましたから、私は何十年ものあいだ、ひょっとしたら何百回と見てきました。

「水戸黄門」に限らず、貧しい善人とお金持ちの悪人を対比させた時代劇は無数にあります。こうなると「お金持ちは悪。清くて貧しい清貧が善」という構図が、潜在意識に自然と刷り込まれるのも当然でしょう。

お金のことを話せない風潮が日本を支配

江戸時代は約260年も続き、そのあいだの身分制度は士農工商です。公務員である武士がいちばん偉く、人口の大半を占める農民、工業に従事する職人などが続き、最下位の身分が「商人」です。

つまり「お金を扱う者はいちばん卑《いや》しい」という考え方がベースにあります。この考え方が260年間かけて、日本人に刷り込まれ続けたわけです。私たちのほんの数代前までの話です。日本人には、その遺伝子が脈々と受け継がれているのです。

バラエティ番組で、お笑い芸人が「ちょっと下品な話だけど、ギャラいくらもらってる」という言い方をしたり、友人同士で「金の話なんかするなよ」「金の話ばかりでいやらしいやつだな」などという会話になる原点は、「お金は卑《いや》しい」「お金は汚い」という洗脳のせいです。

私は子どものころ、とても貧乏でした。というか、親が「お金がない」と口癖のように言っていたので、貧しかったイメージしかありません。

ですが、実際には、どれほどの収入と支出があり、貯蓄額はいくらあったのか、具体的な金額を聞いたことはありません。ただ当時は、大人にお金の話を聞くのはタブーの感じすらありました。

逆に、資産を築き、代々それを受け継いでいく富裕層の家庭は、お金のことについて、子どもにもしっかりと教育をするそうです。

私たちが信念として握りしめていることは、言い方は悪いですが、ほとんどが何かに洗脳された結果です。

まわりにいる人たちが年収1億円の人ばかりなら、きっと「1億円くらい簡単に稼げるんだ」と洗脳されていくでしょう。でも、まわりにいる人たちがお金で苦労している人ばかりなら、「お金を稼ぐのは大変だ」と洗脳されます。

自分の行動にブレーキをかけている洗脳に気づいたら、「自分のこの考えはどこから来たんだろう?」と考えてみましょう。

8 幸福感を高めて自信を強める「感謝のリストアップ」

日本は謙虚を美徳とする国なので、お金のことを言いにくい文化がある一方、反省することを求める風潮も根強くあります。

自己肯定感が低い人は、寝る前に1日の反省をしている人がとても多くいます。

しかし、序章で述べたように、反省すればするほど自己肯定感は低くなっていきます。

あなたから自信を奪う「反省」は、今この瞬間からやめましょう。

では逆に、自己肯定感を高めるためには、何をしたらいいでしょう?

エビデンスが明確な、取っておきの方法をご紹介します。

『幸福優位7つの法則』(ショーン・エイカー著/徳間書店刊)という本から紹介になりますが、次のようなことが書かれています。

「10年以上に渡る実験的な研究によって、1日に起きたよいことをリストアップするのが、脳に重大な効果を及ぼすことが証明されている。1日にたった5分間この作業をすることで、脳が自分の成長の可能性に気づく」

「脳は一度に注目できる範囲に限界がある。なので、ポジティブなことを考えると、それまで頭を占めていた、ほかの小さな心配やイライラは、意識の外に押し出されてしまう」

「1週間、毎日、3つのよいことを書き出した人たちは、6か月後の追跡調査でも、書き出しをしなかった人に比べて、幸福度が高く、落ち込む回数が少なかった。驚いたのはエクササイズをやめたあとも、幸福度や楽観性が高い状態で続くということだ」

「ポジティブなことを書いたグループは、書いていないグループに比べて、幸福度が急上昇しただけでなく、3か月、病気などの症状も少なかった」

以上が本書からの紹介ですが、この研究でわかったことは以下のとおりです。

・1日に起きた、よいことをリストアップすると、心配やイライラが減る。

・ほんの1週間、毎日、3つのよいことを書き出すと、6か月後でも幸福度が高く、落ち込む回数も少ない。
・このエクササイズをやめたあとも、幸福度や楽観性が高い状態で続く。
・幸福度が急上昇しただけでなく、3か月、病気などの症状も少なかった。

これだけの効果があるなら、やらないのは大損ですね。

性格や才能ではなく、習慣が自信を強める

幸福感を上げ、落ち込む回数を減らすために、今日から毎日、感謝できること、うれしかったことを書き出していきましょう。

私のセミナーを受けた受講生には、フェイスブックのグループページを使って、「感謝の投稿」を毎日の課題として取り組んでもらっています。

短いときは3か月、コースによっては半年くらい、毎日、最低3つの感謝できることを投稿していただきます。

これを3年前から始めましたが、ある傾向があります。

「自信がない自分を変えたい」「自己肯定感が低い自分を変えたい」などと言って参加してきた方ほど、投稿が続かないのです。

忙しいなどと言って、投稿をサボるようになります。

書いたとしても、ポジティブなエネルギーが伝わってこないような文面です。

逆に、自己肯定感が高く、ポジティブ傾向の強い人は、毎日3つどころか10個も20個も投稿してきます。

1回の投稿で40個もの「感謝の投稿」をする人もいました。

全身からポジティブなエネルギーがあふれ出ていて、何を見ても感謝を感じられる人と、投稿が続かず、「感謝できることなんてないよ。今日は何を書こうかな？」という人の差は、やはり大きいです。

これが、人生で大きな違いをつくります。

それは性格の違いではなく、才能の違いでもありません。習慣の違いです。

長いあいだ一緒にすごしている結婚相手や仕事仲間に対して、慣れてしまっている部分は多いと思います。

しかし、この感謝を見つける筋肉を鍛えていくと、結婚相手や仕事仲間のよいところに、今まで以上に気づけるようになります。そういった思考になると、チャンスに気づきやすくなり、自己肯定感が高まっていきます。うれしかった出来事をリストアップすることで、幸福感がどんどんアンカリングされます。習慣づけていきましょう。

第2章

コミュニケーションの悩みが一瞬で消える質問術

1 自信のない人の洗脳を深めてしまう「一般化」

この章では、質問で洗脳を解く方法をお伝えします。

ある質問をするだけで、脳の中で起きている洗脳が解けるのです。

私のセミナーの受講生で、「自信が持てない」という38歳の男性Mさんとの対話をご紹介します。

松　橋「Mさん、具体的には、何に対して自信が持てないのですか？」
Mさん「コミュニケーションが苦手です。人と話すのが、いつも苦手なんです」
松　橋「どのくらい苦手なのでしょうか？」
Mさん「緊張して話せなくなります」
松　橋「そうなんですね。印象に残っているエピソードはどんなものがありますか？」

このように、最初に発せられる悩みは、ざっくりしすぎていることがほとんどです。

ですから、具体的なエピソードを聞き出すことから始まります。

そして、**よく「自信がない」と関連づけられるテーマは、話し方やコミュニケーションに関するものがほとんど**です。

本章でも、このテーマを軸に解説していきます。

Mさん「緊張して話しているから、『変な顔してる』といつも言われます」

松　橋「Mさん、いつも言われるということですが、何人に言われましたか？」

具体的なエピソードが出てきたところで、私は「いつも」という言葉が気になりました。Mさんは少し考え、こう言いました。

Mさん「えーと、そうですね……。2人です」

松　橋「たった2人？　Mさんが、今まで生きてきて、何万人と会ってきたと思います。そのうち『変な顔してる』と言ったのは、2人だけなんですよね？」

なんと、たった2人に言われただけ。それなのに「いつも」と表現したのです。

Mさん「はい……。そういえば2人だけです」

松　橋「あと、『変な顔してる』と言われたのは、Mさんが緊張していたからですよね？」

Mさん「そうです。でも緊張しちゃうのは、何十年もの悩みなんです。自分の話がおもしろくないので、相手が飽きてしまったりするんじゃないかと思って」

松　橋「Mさんがおもしろくないっていうのは、いつ、誰に言われたんですか？」

Mさん「高校時代に、友人から『お前の話、おもしろくないな！』と言われました」

このように、長い人生の中で、たった2人に言われたことなのに、あたかも年中、世界中の人に思われているように錯覚してしまうのが、「洗脳状態」です。

松　橋「Mさん、では、高校時代までは、おもしろいというタイプだったんですね？」

Mさん「いや、そういうわけじゃありません。子どものころからおとなしくて、ずっとおもしろくなかったと思います」

松　橋「でも、Mさんが生まれた瞬間から、ずっとおもしろくなかったわけはないですよね？　どんなことがあったんですか？」

10歳のとき母親に言われてできた呪縛

Mさん「じつは……、10歳のころ、母に『何か、おもしろいことを言ってみろ』と言われたんです。当時、学校で大流行してたギャグがあったので、母に、その渾身《こんしん》のギャグを披露《ひろう》したんです」

松　橋「Mさんのお母さんは、どんな反応でした？」

Mさん「母はたった一言、『あんた、おもしろくないわね』だけでした」

松　橋「それで、Mさんはどんなことを思ったんですか？」

Mさん「はい。『自分はおもしろくない人間なんだ！』と、かなりショックでした。それ以来でしょうか、自分がおもしろくない人間だと悟られないために、人と深くつき合わないようにしています。初対面の方には、つまらない人間だと悟られないようにやりすごしてきました。だから緊張するのかもしれません」

松　橋「Mさんは28年間も、その呪縛に縛られてきたんですね」

Mさん「はい……」

たった数回の失敗した体験を一般化している

Mさんのように、たった1人からの批判を、世の中すべての批判だというように受け止めて、何十年も縛られている人はたくさんいます。

ほんの一部のこと、特殊なことを、あたかも全部のようにとらえることを、心理学では「一般化」と言います。

たとえば、彼氏の愚痴を友人に話したところ、友人が「男って生きものは、本当しょうがないよね」などというパターン。

これは、たった1人の男性の話なのに、抽象度を上げたことで、あたかも世の中の男性全員がそうであるかのように一般化しているパターンです。

ほんの少しのサンプルを、無意識的に「いつも」「すべて」あるいは「みんな」などと話すのも、すべて一般化なのです。

2 整合性がないことを気づかせる「一般化質問」

自信が持てない人ほど、1度や2度の失敗した体験を「いつも失敗する」「すべてうまくいかない」などと一般化します。

Mさんの例だと「あんた、おもしろくないわね」という母に言われたたった一言で、「自分はおもしろくない人間なんだ」というマイナス信念が築かれました。それを30年近くも持ち続けられたのは、一般化のなせる業だったわけです。

私も、2人の女性にフラレただけで、「自分は2人の女性にモテなかった」から、「自分はすべての女性にモテない」となり、「自分はすべての魅力がない男だ」となっていきました。そして最後には、「自分は1つも魅力がない、価値のない人間だ!」となってしまったのです。

自己肯定感が低い人は、数回の批判を一般化して、抽象度を上げてしまうことで、自分自身を洗脳しています。

大人が子どものギャグをおもしろがるか？

このメカニズムに気づくと、次のような質問で、自分自身の洗脳も他人の洗脳も解くことができます。

松　橋「お母さんの一言が、今もMさんに影響を与えているということですね？」

Mさん「はい、そうです」

松　橋「Mさんが10歳のころですと、お母さんは当時40歳くらいでしょうか？」

Mさん「私と31歳違うので、当時は41歳だったかな……」

松　橋「では、当時のお母さんは、今38歳のMさんと同じくらいの年齢ですよね？　もしも今、Mさんに、10歳の息子がいたとしましょう。その息子がMさんに、クラスで流行ってるギャグを披露したとして、それを果たしておもしろいと感じるでしょうか？」

Mさんは少し考えましたが、やがて首を振りました。

それはそうです。40歳の大人が、10歳の子どもたちに流行っているギャグなんて、おもしろいと思うはずがありません。

Mさん「うーん、おもしろいはずがないと思います」

松　橋「だとしたら、当時のお母さんも同じじゃないですかね？」

Mさん「はい、そうでしょうね……」

松　橋「お母さんは、Mさん自身の人間性がおもしろくないから、『あんた、おもしろくないわね』と言ったのでしょうか？　いえ、Mさんの人間としてのおもしろみとかは、いっさい関係ないと思います。単純に、10歳の子どもたちのあいだで流行っているギャグが、41歳の大人にはおもしろくなかっただけ。そう思いませんか？」

Mさん「そうですね。ええ、そうかもしれません」

Mさんとは、このあともいくつかやり取りをして、最終的に次のようにおっしゃいました。

Mさん「私は30年間も、いったい何で悩んでいたんでしょうか?」

このように、一般化を解きほぐす質問をしているうちに、自分が信じてきたマイナス信念の矛盾と、整合性のなさに気づきます。

気づいた瞬間に、マイナス信念は消えてしまうのです。

夢からさめたように、自分がマイナス信念にとらわれていたことさえ、覚えていないということが起きます。

③「誰と比べ、どうダメだった？」かを特定する

40歳の女性Bさんは、コミュニケーションがとても苦手で、とくに人前が苦手だそうです。しかし彼女も、私が質問していくだけで、その悩みが消えてしまいました。

以下、そのパターンを紹介します。

Bさん「私、コミュニケーションが苦手なんです」

松　橋「Bさんが、そう思われる理由はなんですか？」

Bさん「いつも、みんなに『話がヘタだ』って言われるんです」

はい、また一般化の特徴的なキーワードが出てきました。

「いつも」「みんな」という一般化の言葉が出たら、その一般化を解く質問をします。

松　橋「Bさん、『いつも』『みんな』ということですが、最近だといつヘタだと言われましたか？」

Bさん「3年前に講座があって、そのとき司会をしました。人前で数分間ほど話したときです。うまいことが言えなくて、かなりショックでした」

「いつも」「みんな」に言われている割に、最近のエピソードをお聞きしたら、その回答が「3年前」です。この時点で整合性が取れていません。

松　橋「Bさんは、ご自分が参加していた受講者全員に言われたんですか？」

Bさん「えーと……、参加していた友人が、『何を言ってるのかよくわからなかったよ』と言ってました」

松　橋「では、Bさんにヘタだとおっしゃった人は、ほかにいましたか？」

Bさん「考えてみたら、その人だけです。でも、今、思い出しました。15年前、25歳くらいのころに、話がヘタだって言われました」

松　橋「どんなことがあったんですか？」

Bさん「会議で10分間のプレゼンを任されました。終わったあとに、同行した先輩から『あなたヘタね！』って言われました」

松　橋「Bさん、その先輩は、具体的に、どの部分が、どのようにヘタだって言っていたのでしょうか？」

Bさん「いえ、具体的にどこがどうだったかは聞いていません。とにかく、練習もけっこうしたのにショックでした」

松　橋「自分では、どこがヘタだったと分析していますか？」

Bさん「そうですね……。緊張して早口だったところとか、笑顔がなかったところとか、笑いもいっさい取れなかったところです」

比較対象を明確にすれば長年の洗脳も解ける

松　橋「Bさん、その先輩は、誰に比べてヘタだと言ったんでしょうか？」

Bさん「誰と比べてか具体的には聞きませんでしたが、たぶん先輩は、自分に比べてヘタだと言うことだと思います」

松　橋「Bさんと先輩は、それまでの場数やキャリアは同じくらいでしたか？」

Bさん「いえ、先輩は、ふだんから会議でたくさんプレゼンをしていました。私よりキャリアも長いです。いつも笑顔で、プレゼン中に、参加している人の笑いも取ります。それに比べたら、私はひよっこでした」

松　橋「するとBさんは、まだひよっこだったのに、『ベテランの私のようにプレゼンできなくてヘタね』と言われたことに落ち込んでいたわけですよね？」

Bさん「まあ、そうですね……」

ようやく、Bさんも自分の洗脳に気づいてきました。このように、**比較対象を省略すると、簡単に洗脳されやすくなってしまいます。**

「うまい／ヘタ」「高い／安い」「いい／悪い」「得意／苦手」「すぐれている／劣っている」などの言葉を使うときには比較の対象が必要です。

Bさんの先輩としては、本来「自分に比べたら、Bさんはこの部分とあの部分がヘタだ」と伝えるべきでした（もちろん、「ヘタ」と断言するより「改善したほうがいい」と、前向きに伝えたほうがよかったでしょう）。

しかし、いずれにしろ、比較対象や具体的な情報を省略しているのです。

「（Bさんは）ヘタね」とたった一言。

そのおかげでBさんは、誰と比べてヘタなのか、どの部分がヘタなのか特定できず、「自分は人前で話をするのがヘタな人間なんだ」と、自分を洗脳してしまいました。

仮に、先輩が、比較対象や具体的な部分を特定してくれたら、「自分は先輩に比べると、早口すぎて、笑顔もなかった。笑いを取れるような話をしなかった」と、改善点が明確な状態になれたはず。15年も引きずらないで済んだわけです。

もし、あなたにも、Bさんと同じ覚えがあるとしたら、自分は誰と比較してそう言われたのか、もう一度考え直してみましょう。

4 自己矛盾に気づく「フレームサイズと焦点の更新」

比較対象を絞って具体的な情報を思い出してもらったら、次は「フレームを広げて自分の洗脳に気づいてもらう」質問の技術を使います。

松　橋「もう一つお聞きしますが、25歳までは話し方に自信があったのでしょうか？」

Bさん「いいえ、今また思い出しましたが、高校生のときにも『あなたって、話すのがヘタだね』と言われました」

松　橋「誰に言われたんですか？」

Bさん「クラスメイトです。雑談しているときだったと思います」

松　橋「ほかに、Bさんに対して、話がヘタだと言った人はいますか？」

Bさん「今のところ思い出せるのは、先ほどの先輩と、そのクラスメイトの2人です」

ここまで来たら、山場を迎えました。
別の角度から洗脳を解き、新たな気づきを得ていただきます。

松　橋「Bさん、人生80年で、1人の人間が会話する相手は平均3万人だそうです。ちなみに、コンビニの店員さんとの、ちょっとしたやり取りなんかは含めません。つまり、Bさんの人生40年なら、1万5000人と会ってきたわけです。そのうち、たった2人に『コミュニケーションがヘタ』と言われただけ。残りの1万4998人には言われていないんですよね？」

Bさん「ええ……。まあ、そうですね」

松　橋「逆に、Bさんが『コミュニケーションがうまい！』とか『話がおもしろい！』と言われたことは、今まで一度もないのでしょうか？」

Bさん「いえ、ないこともないです。何人かいます」

松　橋「だったら、少し妙ですよね。何人かの人に「うまい」「おもしろい」と言われた一方で、ヘタだと言ったたった2人のほうが、Bさんの人生に対して重要な影響力を与えている……そういうわけですね？」

Bさん「ええ……。そういうことになりますね」
松　橋「ね？　少しおかしいと思いませんか？」
Bさん「はい……考えてみれば、少しおかしいかもしれません」

このように「あなたは話がヘタ」という言葉を、何人中の2人が言ったのかと、枠組みを考えてもらう質問を「フレームサイズを変える質問」と呼びます。

また、「話がヘタだ」と言った人の逆で、「話がうまい」と言ってくれた人のことに焦点を当てる質問もします。

自信を失ったきっかけは、友人、クラスメイト、親、先生、上司、先輩などに言われた言葉だという人が大半です。でも、その人たちに大きな影響力を与えることができるのは、あなたしかいません。

つまり、相手が何気なしに言ったちょっとした一言に、あなた自身が、自分から自信を奪う力を与えていただけなのです。

5 基準は何？ 自信をなくした根源を具体化

Bさんの「話をするのがヘタ」という悩みは、一般化の洗脳と、比較省略の洗脳が原因になっていました。

この2つの洗脳を解き、さらにフレームを広げた質問で、新たな気づきを得ていただいた結果「たった2人の人にしかヘタだと指摘されたことがない」とわかりました。

いよいよ最終段階に入ります。

松　橋「ところでBさん、先ほどおっしゃっていた高校時代のクラスメイトは、どんな基準から、うまいとかヘタだとか言ったのでしょうか？」

Bさん「話がうまい基準ですか？　さあ、聞いてないです。わかりません」

松　橋「では、Bさんのクラスは何人いましたか？」

Bさん「40人くらいでした」

松　橋「もしクラス40人中で、話し方のうまい人に順位をつけるとしたら、Bさんは40位くらいになってしまいますか？」

Bさん「いや、そんなことはありません。真ん中くらい……20位くらいかな？」

松　橋「最下位グループにいたならともかく、真ん中くらいでしたら、一般的にそれほど話がヘタとは思われないでしょう。Bさんが20位でもヘタだというのは、ずいぶん基準が高いと思いませんか？　お笑いの学校？（笑）」

Bさん「いえいえ（笑）。でも、そのクライメイトは、とても話がうまかったんです。彼女に比べたら、たしかに私はヘタだと思います」

松　橋「なるほど、彼女が基準なんですね。では、彼女はクラスで何番目？」

Bさん「ダントツで1位です」

松　橋「つまり、1位の人に比べて、自分はヘタだとおっしゃってるわけですね。でも、Bさんの理屈で言ったら、クラスの残り39人は、コミュニケーションがヘタな人ということになりますよ。それでよろしいですか？」

Bさん「いえ、ほかにもおもしろい人はいました」

松　橋「ほかの人は、1位の人よりうまくないけど、ヘタではない。けれども、自分はヘタ……。ちょっと整合性が取れなくなってきてますね？」

Bさん「そうですね。なんか私、おかしいことを言ってますね」

そもそもの比較基準が高すぎる

このように、話し方がうまいトップレベルの人を基準にすると「ああ、自分はなんてダメなんだ」と落ち込みます。

話し方を詳細に分析すると、話す内容やスピード、声の抑揚、間の使い方、言葉づかい、表情、視線など、いろんなポイントで構成されています。かつて「ヘタだと言われたことがある」という方は、どこか特定の部分だけが劣ると指摘されたはずなのです。

ところが「話に抑揚がないところがヘタ」などといった特定の事柄が省略され、抽象化されて「自分は話し方がヘタ」となってしまう。ついに、それが「自分はダメだ」というレベルに格上げされていくのです。

これが、自信を持てなくなるメカニズムの正体です。

そこで、以下に紹介する簡単なワークに取り組んでみてください。

「自信を取り戻す」具体化のワーク

①あなた自身の「自信がない」と感じている部分を書き出してください。
②その理由を思い出してください。
③何人から批判・指摘されましたか？
④何と比べて「ダメだ」「ヘタだ」「劣る」「自信がない」と言っていますか？
⑤誰と比べて「ダメだ」「ヘタだ」「劣る」「自信がない」と言っていますか？
⑥どんな基準で「ダメだ」「ヘタだ」「劣る」「自信がない」と言っていますか？

とくに③は要チェックです。

今までのセミナーや講座で、「自信がない」「コミュニケーションが苦手だ」という何百人、何千人とお会いしてきました。

でも、実際に聞いてみると、トラウマのもとになるような批判をした人は、ほんの2、3人という方ばかりです。5人や10人に言われた、などという人には、一度も会ったことがありません。

あなたよりも私のほうが、「ヘタだ」と言われた回数はよほど多いでしょう。講師になってからも、「松橋さん、話がヘタですね」と10人以上に言われてます。

先日も、日本を代表する著述家のセミナーで、いきなり名前を呼ばれて壇上《だんじょう》に立ち、400人の前でスピーチする機会がありました。

しかし、自分でも何を言ってるのかわからない状態で、ほかの受講者に「緊張してたね、何を言ってるかわからなかったよ」と言われる始末。

そんな私でも、人前で話をする仕事を充分にやれています。極論ですが、話し方は別にヘタでもいいのです。

また、話し方と自信をリンクさせる必要もありません。仮に話し方がヘタだとしても、だからといって自信を失う必要なんてどこにもないはずです。

先ほど紹介した「自信を取り戻すワーク」をしっかりやってみてください。

あなたの洗脳が解けて、もともと持っている力を、充分に発揮できるようになるでしょう。

⑥ 世間ではなく、誰が気になるのかを限定する

「世間の目が気になる」という悩みも、人から自信を奪うテーマの一つです。

50代後半の女性、Cさんは、将来カウンセラーで独立したいと考えていました。

しかし、そのために必要な「ホームページに自分の顔写真を出す」ことや「ブログを書く」ことに抵抗があるそうです。つまり、自分を表現することに抵抗があり、それが悩みだと言って、私のもとを訪ねてきました。

松　橋「SNSやホームページで、自分を表現したらどうなると思いますか？」

Cさん「批判されるリスクが高まります」

松　橋「なるほど。では、Cさんは何が怖いのでしょうか？」

Cさん「世間の目です」

「世間の目」あるいは「世間」というのも、一般化の典型例です。

前項の「みんなが」と同じように使う人が多いので、具体的に特定してもらいます。

松　橋「世間の目って、それは誰のことですか？」
Cさん「自分の知り合いです」
松　橋「知り合いとは、具体的には誰のことですか？」
Cさん「うーん……。親戚、友人、仕事関連の知り合いとかでしょうか」
松　橋「親戚の方には、よく会われたりするんですか？」
Cさん「いいえ、法事のときくらいです。何年かに1度かな。最後に会ったのは5年前です」
松　橋「では、友人や仕事関連の人が、いわゆる〝世間の目〟ですか？」
Cさん「あ、いえ、やはり仕事関連の人は別にいいです」
松　橋「すると、Cさんは、友人の目が気になるのですね。どんな友人なのでしょうか？」
Cさん「大学時代からの友人です」

これで、Cさんにとっての〝世間の目〟は「大学時代からの友人」とわかりました。

松　橋「友人たちに、自分がどんな状態だというのを見られたくないんですか？」

Cさん「昔よく一緒にすごしていた友人たちなので、不幸そうに思われたくないです」

松　橋「なるほど。その友人たちとは、どれくらいの割合で会うんですか？」

Cさん「えーと……同窓会で出会うくらいですので、10年に1度くらいです」

松　橋「10年に1度!?　それくらいの関係でしかない友人たちに、人生がうまくいっているように見られたいということですね？」

Cさん「はい……」

松　橋「昔の友人によく見せたい、という気持ちはわかります。でも、10年に1度しか会わない人のために、Cさんはご自分の人生を送っているのでしょうか？」

Cさん「うーん、そういうわけでは……」

松　橋「では、その人たちに不幸だと思われたら、Cさんはどうなりますか？」

Cさん「あの人たちには、いいところを見せたいという気持ちが強いので、もし不幸な状態が伝わったら、私としてはすごく悲しいです」

今までカウンセリングしてきた経験でいうと、Cさんのように「世間の目が」という言葉をよく使う方もたくさんいます。**「思ったように自分を出せない」という悩みがある方は、一度「世間」というものを考えてみましょう。**

あなたにとって、世間というのは誰でしょうか？

次のワークをもとに、リストアップしてみてください。

本当は誰か特定の目を気にしている

①「世間」という言葉から連想される名前をリストアップしてください。

②その中で「よく思われたい人」、あるいは「うまくいっていないことを知られたくない人」は誰か、選んでください。

③その人に、どんなことを言われたいですか？

④その人に、どんなことを言われたくないですか？

⑤あなたが、そう思う理由は何でしょうか？

具体的にリストアップし、彼らにどんなことを言われたいのか、あるいは言われたくないのか、その理由を考えてください。どんなことに気づきましたか？

「見返したいから」「バカにされたくないから」「落ちぶれたと思われたくないから」「格好をつけたいから」という相手は、あなたにとってどんな存在なのでしょう？

もし、そのために自分のエネルギーをセーブして生きているとしたら、あなたは、その友人のために生きていることと同じです。**自分の充実感や幸福を捨ててまで、その人に尽くすなんて、それほどまでにその人のことを愛しているのでしょうか？**

そんなことはありませんよね。

ちなみに、その後Cさんに吹っ切れて、顔出しはもちろんのこと、ＳＮＳでの投稿もガンガンするようになりました。**いつも世間の目にどう見られるかを気にしていたときとは別人です。**

Cさんと同様に、「世間」の目という洗脳から解かれたあなたも、新たな一歩が容易にできるようになっていくはずです。

第3章

正しく
アプローチすれば
人間関係でも
自信が持てる

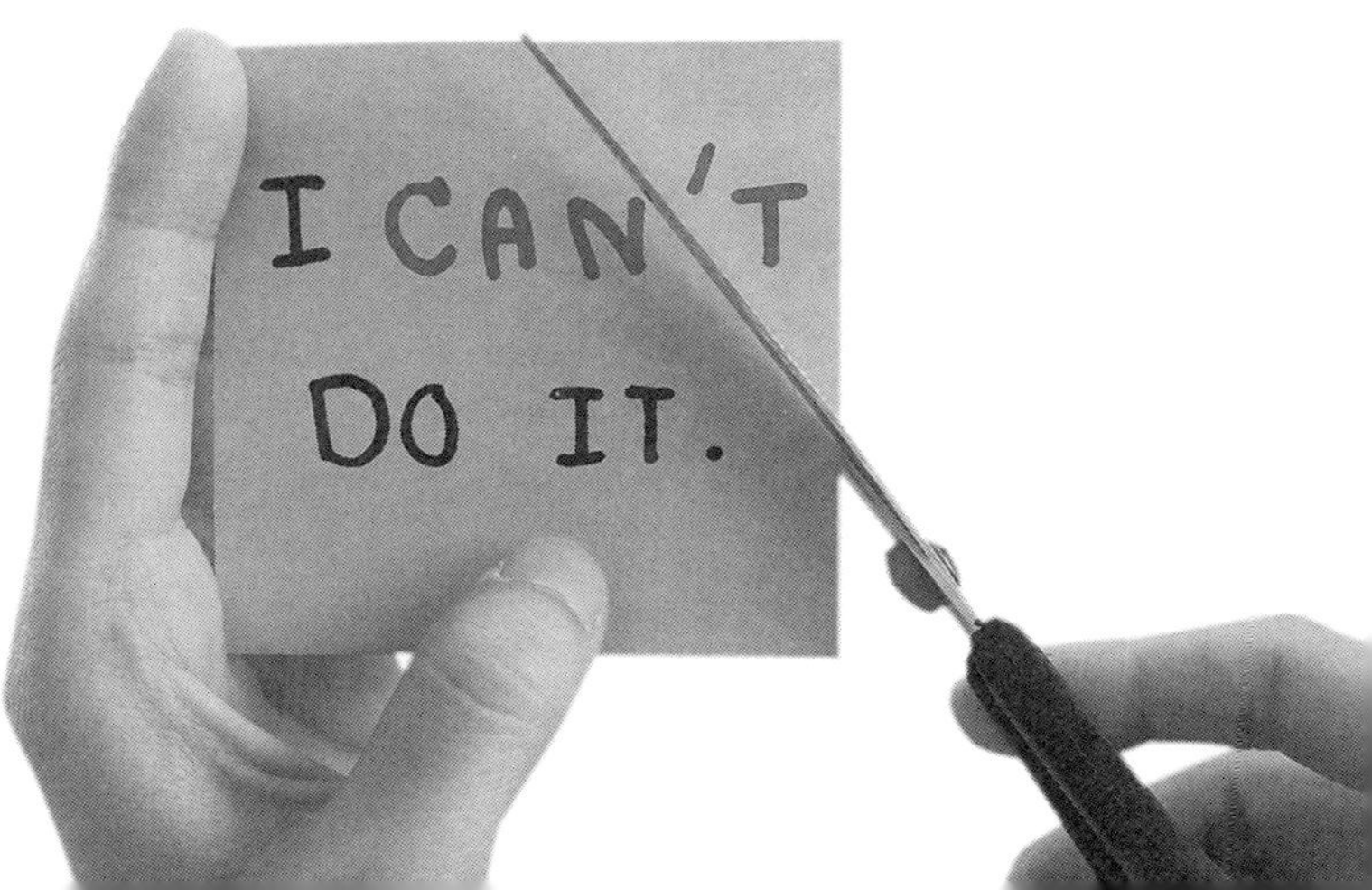

1 男性や女性として自信が持てない理由とは?

「男として」あるいは「女として」自信が持てない、という方はたくさんいらっしゃいます。

私のもとにご相談に来られる方の多くが、夫や妻、恋人といったパートナーとのコミュニケーションに悩んでいると言います。

とくに女性からの相談は多く、40代後半の女性Nさんからも、同様のお悩み相談をいただきました。

Nさん 「夫が何も理解してくれないんです」

松橋 「Nさんのご主人は、何を理解してくれないのでしょう?」

Nさん 「何もしてくれないんです」

お決まりの一般化です。
本当に何一つしてくれない夫は滅多にいないでしょう。

松　橋「ご主人は、具体的に何をやってくれないのですか？」
Nさん「食事のあとに、お茶碗をシンクへ運ばなかったり、子どもをお風呂に入れてくれなかったりです。あと、子どもと遊んでくれません」
松　橋「その3つだけですか？」
Nさん「うーん……ほかにもいろいろありますが、今はその3つです」
松　橋「では、何もしてくれない、というわけじゃなさそうですね。ご主人は『茶碗を運んでほしい、子どもをお風呂に入れてほしい、子どもと遊んでほしい』と、お願いしてもやってくれないのでしょうか？」
Nさん「いえ、言えばやってくれます」
松　橋「えっ！　ご主人は、言えばやってくれるんですね？」
Nさん「でも、言わないとやりません。しょっちゅう言ってることだから、いちいち言わなくても、私の気持ちはわかっているはず……それでもやらないんです！」

これは、パートナーシップの悩みでは定番の症状です。**とくに女性には少なくありません。「私の考えていることはわかってるはず症候群」と名づけておきましょう。**
多くの男性からすれば無理難題ですが。

松　橋「Nさんが言えばやってくれるなら、お願いしてみてはいかがですか？」

Nさん「まあ、言わないとやってくれない、気づかないのが男性だ、というのは、なんとなくわかります。でも、お願いすると、ちょっと不機嫌そうな顔をするんです。もっと率先してやってほしいんです」

松　橋「ご主人は、いつもは機嫌がいいのですか？」

Nさん「いえ、どちらかと言うと、いつも家にいるときは不機嫌そうです。あっ、だから、いつもと一緒の表情ですね。でも、妻が頼んだときくらい、気持ちよく返事してやってくれたらいいじゃないですか」

松　橋「Nさん、ちょっとお聞きしますね。逆に、ご主人が何か頼んできたら、Nさんは『ハイ！』とさわやかな返事で、行動してあげているんでしょうか？」

Nさん「えーと、そう言われれば……。私も、いつも不機嫌そうかもしれません」

Nさんは、うすうすと気づいてきたようです。**他人は自分の鏡です。**自分が批判や非難ばかりしているのに、相手がやさしくしてくれるわけがありません。

「なんで私を大事にしてくれないの？」

松　橋「では、ご自分がやってほしいことを、ご主人が先回りしてやってくれたら、Nさんはどんな気持ちがしますか？」

Nさん「自分の気持ちをわかってくれたんだと思って、やはりうれしいです。自分が大事にされている感じがして、自信もわいてきます」

松　橋「どうして、大事にされていると感じるんですか？」

Nさん「え？　どうしてだろう……。うーん、自分のほうをきちんと向いてくれてるように思うからかな」

松　橋「ということは、ご主人がNさんに気づかってくれないとき、自分を大事にしてくれてないと思うんですね？」

Nさん「はい、そうです！　そういうことです！」

男女は望むものと提供できるものが違う

Nさんが、自分は大事にされていると感じるときは、ご主人がNさんを気づかい、自分がやってほしいことを言葉にせずとも、先回りしてやってくれたときです。それが、Nさんにとっての愛されている証拠で、女性として自信が出てくることだと言います。

しかし、Nさん自身も認めていましたが、多くの男性にとって、女性の気持ちを察して行動するのは難しい話です。女性同士では無言で気づかい合えても、同じことを男性に求めるのは酷です。男性にとって、パートナーへの愛情とは、社会的に成功してお金を稼ぎ、豊かな生活を家族に提供することだと信じている人が大半でしょう。

男性と女性では、望んでいるものと、実際に提供できるものが違います。こうした男女の違いを知り、言葉を尽くして会話していくしかありません。

むしろ、そうやって違いを乗り越えていくことが、女性として、あるいは男性としての自信につながります。

そのためには、男性性と女性性の違いを学んでおく必要があります。

2 愛の採点基準は、男と女でこんなに違う!

夫婦関係や恋人関係のコミュニケーションがうまくいかない理由は、お互いにしてほしいことも、してほしくないことも違うからです。

それぞれ、自分がされてうれしいことを、相手にしてあげます。それで愛を与えているつもりです。

ですが、相手は別のことを望んでいます。だから、さまざまな問題が起こるのです。

男性の愛情は「一点豪華主義」

男性にとってのパートナーへの愛とは、出世してお金を稼ぎ、家族に豊かな生活をさせてあげることです。家族が望むものを買えて、やりたいことを充分にさせてあげる経済力を手に入れることが愛なのです。

豪華な食事に連れていったり、海外旅行などお金のかかるレジャーに行ったり、エステに通わせたり……。その中でも男性にとっての最高の愛は、家を建ててあげたり、車を買ってあげたり、子どもに大学までの費用を出してあげることです。

しかし、これは女性が望む愛とは違います。

パートナーシップに関しては、アメリカで著名な心理学者ジョン・グレイ博士の著書『ベスト・パートナーになるために』（三笠書房刊）がおススメです。

この本で参考になったポイントはたくさんありますが、私が最もショックを受けたのは、女性の愛情の受け取り方について、次のように書かれた箇所でした。

「男性は、女性のために大きなことをしてあげれば、点数を稼げると思い込んでいる。女性には、車をプレゼントしたり、海外旅行に連れていったりしないと、満足しないものだと信じている。車のドアを開けてあげたり、強く抱きしめたりということは、たいした評価を受けないと決めつけている。でも、女性は贈りものの大小にかかわらず、1つのことは1点として評価するのだ」

「成功した医師であるチャックは、仕事で高額の収入を得たら、その分だけ家庭の中で妻に気をつかうこともなくなるし、家事などする必要もなくなると考えている。しかし、どれほど多額の収入があっても、妻から見れば1点にしかすぎないことなど、思いもよらないのである」

「男性は、つき合い始めのころは、小さな気配りをしていたはず。でも、相手の心が自分に傾いたときに、たちまち安心してしまう。エネルギーを一点豪華主義の愛情表現方法に集中させるようになる」

家を買ってもクッキーを買っても女性は1点

たいていの男性の感覚だと、家を買ったら5000点、海外旅行に連れて行ったら100点、ディズニーランドなら50点、子どもと遊んであげたら5点、妻の好きなクッキーをコンビニで見つけたので買って帰ったら1点……などと採点するでしょう。

ところが、ジョン・グレイ博士によると、女性にとっては、家を買うのもクッキーを買うのも全部が同じ点数だというのです!

「え、嘘でしょ! 念願のマイホームと、クッキーが同じ点数!?」と、男性たちの叫び声が聞こえてくるようです。私も、これを知ったときにはショックすぎて、呆然としましたから。

たとえば、夫として月収100万円も稼いだら、平均以上に稼いでいるから、自分は毎月100点くらい加算されているつもりです。

でも、妻にとっては、月収１００万円も、クッキーを買って帰る心づかいも、同じ１点です。

むしろ妻からすれば、自分のほうがたくさんの家事をこなし、育児にも精を出しているから、夫に対して毎月１００点くらい与えているつもりなのです。

なのに、夫は1点（月収100万円）しかくれない。だから「夫は私を愛してくれないんだわ」と感じてしまいます。

男性からすれば価値を感じない「些細な気づかい」は、女性にとっては高価なプレゼントと同じです。こういった採点基準の違いを、男女ともに知っておくことが、お互いの誤解をなくし、パートナーとして自信を深めていくために必要なのです。

3 なぜ夫婦間ではつまらないケンカが多いのか？

子どものころは、誰もが無力です。親の保護なしには生きていけません。親に愛されるということは、子どもにとって安全を得られるということです。

親の期待を裏切ってがっかりされたり、見放されたり、無視されたり、親の愛を失って、「産まなきゃよかった」などと言われることは、子どもにとって死を意味します。

子どもは、親から愛されることで不安と絶望を遠ざけます。ですから、親が自分に意識を向けてくれることが必須です。そのためには、さまざまな方法を取ります。

子どものころに有効だった手段を使ってしまう

たとえば、親が喜ぶことを一生懸命やって、いい子を演じるパターンもありますし、傷ついたり、弱ったように見せるパターンや、すねたりして口をきかなくなり、不機嫌な自分をアピールするパターンもあります。また、怒ったり、怒鳴り散らしたりして注目を集めるパターンや、病気になることで愛を手に入れるパターンもあります。

とにかく、子どもにとっては、親に見放されたら死につながるため、その愛を手に入れるためならなんでもします。

赤ちゃんは自分の望みや悲しみを言語化できません。ですから、泣いたりわめいたり怒ったりして、自分の気持ちを伝えようとします。

仕事や家庭でやるべきことが山積みで、ほかの兄弟にかかりきりだった親も、泣きわめくと自分に振り向いてくれて、一生懸命になだめてくれました。

そうして感情を爆発させると、親が希望を叶えてくれることを学びます。**そのおかげで「身近な人をコントロールするには、これらの方法を使うのがベスト」と思い込んでしまったわけです。**

ところが、幼稚園や小学生になると、泣いてわめいて感情を爆発させても、誰も構ってくれなくなり、相手にされなくなるという体験をします。次第に、言葉の重要性を知っていくのです。

そうして、赤ちゃんのころは有効だった方法を封印し、大人になっていきます。

しかし、大人になって、異性と深いパートナー関係になると、その封印が解かれてしまうのです。

「インナーチャイルド」が目覚めるとき

心の内側にいる子どもの自分を「インナーチャイルド」と言います。自分をないがしろにされると、このインナーチャイルドが、怖れを感じて暴れ出します。

大人としての理性的なつき合いだと、インナーチャイルドが表面化することはありません。得と損で割り切った話ができます。

ところが、パートナーとの関係は違います。パートナーに「自分をないがしろにされた」と感じたときに、子どものころ有効だった手段に頼るというケースが起こるのです。

「パートナーが自分を愛してくれていない！」と錯覚すると、子ども時代に体験した、愛を失う恐怖が再現されて、インナーチャイルドがむくむくと目を覚まします。

「自分をないがしろにしている」

「自分に無関心」
「自分は大事にしてもらっていない」
「自分は愛されていない……」

そんな不安が襲ってくると、愛を取り戻すために、子どものころに役立った方法を使い始めます。それが効果的だったのは、はるか昔のことだと理性ではわかっています。でも恐怖を感じたら、その対処法が反射的に出てきてしまうのです。

パートナーではなく、じつは親に怒っている

じつは、パートナーとのあいだに生じるいろいろな不満の正体は、父親や母親に感じたあの恐怖や不安です。

「自分が見捨てられるのではないか」という恐怖や、「自分が愛されていないのではないか」という不安なのです。

そして、子どものころに有効だった方法を使ってしまうのです。

大人になったあなたは、次のことはもちろん理解しています。

「親があのとき怒ったり、厳しい態度を取ったのは、自分のためだった。また、親も人間だから、感情でいろいろと怒ることもあるだろう」

こんなふうに、頭の中では理解していても、潜在意識の奥にいるインナーチャイルドは、それらを理解できません。自分の中にいるおびえた小さな子どもは、もっと愛してほしいと懇願《こんがん》しているのです。

とはいえ、誰もが、インナーチャイルドとすぐに向き合えるわけではありません。とくに「男らしさ」を大事にしてきた男性にとっては、弱い自分と対峙するのは、死ぬより恐怖かもしれません。

自分を守るために何枚も何重にもかぶっていた鎧《よろい》を、1枚1枚はがすためには、とても深い悲しみや痛みを再体験する必要もあります。

しかし、深い部分を癒やしていくと、人生は大きな変容をし始めます。インナーチャイルドと向き合える自分になれれば、心の土台が整って、一生ものの自信が身につくことでしょう。

4 親が自信を奪う？ 実家にいる人は今すぐ出よう

前項で親の話が出ましたが、よくも悪くも親子は、いつまでも親子です。
私は高校卒業とともに故郷の青森を離れて、上京してから35年が経ちました。
それでも、実家に帰るたびに、母から「ちゃんと食べてるか？」と聞かれます。
私、すでに50代半ばなんですけど……。
50歳を超えていようが、親にとってわが子はいつまでも子どもなのです。

今の仕事を通して感じることがあります。自信を持てない人は、親とずっと同居している人がとても多いということです。

親と同居していると、自信が持てなくなるのも当然です。何年経っても、何十年経っても、過去の自分に引きずられることになるからです。

あなたがすでに忘れている過去の失敗を、親はいまだに覚えていて、ふとしたときに「あのときも……」などと話題にしてきて、げんなりしたことはありませんか?

未熟だったころのイメージが、親には鮮明に残っています。そのイメージのまま、親は「ああしたら、こうしたら」とアドバイスします。

それが親の愛だとわかっていても、子どもにとっては余計なおせっかいにしか感じられません。**しかも、親からのアドバイスは、たいていネガティブなものです。**

何度も、それを繰り返し聞かされることで、ネガティブな自己イメージを刷り込む作業をしているようなものなのです。

親との同居率が36年間で急上昇!

では現在、親と同居している成人は、どれくらい増えているのでしょう?

総務庁のデータによると、この36年間で29・5%から45・8%へ激増しています。

同居することで、お金が節約できるし、家事をしてもらえるというメリットが大きいのはわかります。

しかし、逆に精神的・経済的・物理的自立が失われているのです。

依存からの脱却が、自信につながる

「ちゃんとしなさい」
「あんたは〇〇が足りない」
「相変わらず成長していない」
「まだ結婚しないの？」

相手が他人なら、こんな言葉一つで、つき合うのをやめるでしょう。

そんな言葉を、長いこと親と一緒にいるあいだに、あなたはどれだけ浴びましたか？

軽く数百発は被弾してきたはずです。人によっては数千発も被弾して、体中が穴だらけでしょう。

人一倍ネガティブな親だと、毎日この弾丸を浴びているかもしれません。あなたのエネルギーは、知らず知らずのうちに奪い取られているのです。

逆に、ポジティブなご両親に恵まれた人もいるかもしれません。しかし、夫婦はバランスを取り合うものです。父親がポジティブすぎると、母親がネガティブになり、母親がポジティブになればなるほど、父親がネガティブになっていきます。

もし、両親ともにポジティブだとしたら、子どもたちがネガティブになったり、病気がちになっていたりします。覚えはありませんか？

同居での経済的なメリットや、何でもやってもらえる気楽な生活を捨てるのは大変でしょう。ですが、親から自立することのメリットは、計り知れないほど大きいです。

１人暮らしの孤独も、家事の大変さも、経済的な不安も、体験しないとわかりません。「自信が持てない」という悩みは、依存からの脱却が鍵になるのです。

5 友だちがいないから自信が持てないという幻想

コミュニケーションといえば、家族のあいだだけではなく、同性の友人も人生で大きな影響を与えます。

30代の男性Mさんは「自信が持てない」とご相談に来られました。その理由は「心を許せる友人が1人もいないから」とおっしゃいます。

早くも「1人もいない」という、お決まりの一般化がされていました。

松　橋「Mさんには、ご友人が本当に1人もいないんですね?」

Mさん「いえ、友人がゼロということもないです。でも2人くらいしかいないですし、親友はいません」

松　橋「親友と友人の違いは、何が基準なんでしょうか?」

Mさん「友人は何でも話せる相手かどうかです。さらに、自分を犠牲にしてでも助けられるかどうかが親友です」

松　橋「なるほど。ところで、友人や親友がいないとダメなんですか？」

Mさん「親友がいないというのは、人間として欠陥がある人だと思います」

松　橋「では、私にも親友と呼べる人はいないから、欠陥人間ですね」

Mさん「え？　松橋先生のようなコミュニケーションの達人でも？」

松　橋「Mさんの基準でいえば、私には親友どころか、友人もいないことになります。コミュニケーションを教える立場だからといっても、自分を犠牲にしてまで人を助けられませんから。逆に、そうされたら、対等の関係じゃなくなってしまうように思います。それに、なんでも相談することもありません。相談相手は、その分野の専門家がベストですからね」

友人がいない自分は欠陥人間なのか？

「友人がいないから自信が持てない」「親友がいないから自分は欠陥人間だ」などという悩みのベースには「友人が少ないのはよくないこと」という観念があります。

でも、そもそも友人や親友の定義は何でしょうか？
何でも話せて、相談できることでしょうか？

私には中学生のころから友人づき合いしている仲間が数人いますが、何でも話せる間柄かと言われたら違います。仕事のことを話してもわからないでしょうし、夫婦のことだって、何でも話せるかといえばそうでもありません。

結論を言えば、序章で紹介したように、悩みの相談なら友人ではなく、その道の専門家に相談すべきです。

中学からの友人とも、40代前半までは1年〜2年に1度ぐらいに会っていましたが、独立してからは、会うこともなくなりました。

友人の定義や友人関係は変わっていくもの

その代わり、一緒の時間をすごす新しい仲間が増えました。人は、瞬間瞬間に変わり続けています。自分と同じ速度で変わり続ける友人は、ごくごくまれです。友人関係は、どんどん変わっていくのが当然なのです。

執筆や講演を始めて12年ほど経つので、学生時代からの友人とは疎遠になっていく一方、著述家やセミナー講師関連の知り合いが多くなりました。こうなると、友人関係そのものについても考えが変わってきます。

会社員のころは、友人とのあいだに利害関係があってはならないと考えていましたが、今は仲のいい友人ほど一緒にビジネスをするので、利害関係だらけです。

今、私が友人の定義を決めるとしたら、一緒に旅行したい人かどうかくらいでしょうか。

このように、友人関係などは、年を追うごとに変わっていきます。友人がいるかどうかとか、少ないというだけで、自分に欠陥があると思う必要はありません。

⑥ ほめ言葉を素直に受け取り、謙虚に返す

自信を持てない人は、他人からのほめ言葉を否定します。

たとえば「いつも仕事が早いですね～」と言ったら、「いえいえ、毎日、地獄のような職場ですから、早くでもやり終えないと死んでしまいますよ」と返ってきたりします。

プライベートでも、ちょっとした飲み会とかで「ほんとにかわいいね」とほめたら、逆に「かわいかったら、こんな年まで独身でいません！」と怒る人もいるようです。

序章でも伝えたように、せっかくほめても、自虐で跳ね返されたら、そのうち地球上で彼らをほめる人がいなくなるでしょう。

ここまでひどい否定をしないまでも、自分に自信がない人の中には、ほめ言葉を受け取れない人が少なくありません。

一見、ほめ言葉を否定する人たちは謙虚なようです。しかし、じつは傲慢なのかもしれません。こんなことを言うAさんをどう思いますか？

あなた「Aさん、今回の営業の全国ランキング1位ってすごいですよね！　やっぱり、実力がある人は違いますね」

Aさん「いえいえ、私なんてたまたまですから。あなたのようなランキング上位の常連に比べたら、営業力もまだまだですし、努力も全然足りてないです。ほんとにすみません」

ここまで言われると、むしろバカにされたように感じませんか？

せっかくほめたのに、他者と比較して自分を卑下したり、自分のダメな理由をいろいろ言わないと気が済まない人は結構います。

それはつまり、ほめ言葉に対して「あなたの言っていることは間違ってます！　私は称賛に値しない人間です！」と全力で否定しているのと同じなのです。

このような人は、ほめるどころか気軽に話しかけにくくなり、何が地雷なのかもわからないので、近寄りづらくなります。

先ほどの例で言えば「ありがとうございます！　ずっと目標にしてきたんで、とってもうれしいです！　あなたからほめてもらえて、ますますうれしいです！」とまで言われたら、ほめたかいがあるというものです。

あなたがほめられる側になっても、これと同じです。他人がほめるのは、喜んでほしいからです。「あいつは、自分をほめてコントロールしようと思っているに違いない」などと深読みする必要はありません。

満面の笑みで素直に喜んでくれたら、ほめた側もうれしいはずです。あなたの笑顔が見たいだけなのですから。

謙虚になるときも品格を忘れないこと

それでも、ほめられたときに、注意が必要なときがあります。

たとえば、表彰などの場で「何か一言」と言われたら、謙虚なスピーチが求められるでしょう。

先ほどの例で、あなたがほめられた場合は、次のようにお返ししましょう。

「ありがとうございます。全国1位になれてとてもうれしいです。部長や課長、それにチームメンバーのみなさんのサポートがなかったら、なしえないことでした。本当にみなさんに感謝しています。お礼をいくら言っても足りないくらいです」

達成したことを喜びながらも、自慢のかけらも見せず、まわりの人たちへの感謝の念を伝えています。品格を感じさせる返し方です。公式の場では、このくらいの謙遜が無難です。

自分より営業成績が上だからほめているのに、「まだまだです」と言われたり、自分より美人だと思うからほめたのに、「私なんて全然ブスですから」と返されたとき、相手の気持ちはどれだけ不快でしょう。

相手に喜ばれて関係がよくなるのは明らかなのですから、ほめ言葉は素直に受け取りましょう。

謙遜は、あくまでスパイス。感謝を伝えることを優先してください。

これであなたも、一瞬で自信に満ちあふれた人です。

7 初対面が苦手な理由は、そのメリットがないから

人間関係をつくる上で、初対面の印象は大事です。見ず知らずの他人に最初に話しかけるときは、誰だって多少の差はあるものの緊張するものでしょう。

しかし、これが悩みの種になってしまい、「初対面の人が苦手」から「話し方やコミュニケーションに自信がない」となる人は少なくありません。

「初対面の人と話すのが苦手です」という悩みをご相談に来られたDさんとのやり取りをご紹介しましょう。

松　橋「初対面の人と、具体的にどんな場所で話すのが苦手なんですか？」

Dさん「懇親会とか、忘年会や新年会、何かのパーティーとかです」

松　橋「では、誰と比べて苦手だと感じますか？」
Dさん「知り合いの営業マンとか経営者に比べて、自分は全然ダメなんです」
松　橋「お知り合いの方たちは、懇親会とかパーティーで人脈をつくるメリットがあるのですか？」
Dさん「はい、あります。顧客獲得にとても効果的だそうです」
松　橋「ではDさん個人は、そこで人脈をつくることで、どんな得がありますか？」
Dさん「いえ、私は、そういう場所で顧客を増やそうとか、営業しようとは思いません。ただのサラリーマンですし、今のところ通常業務の中で充分ですから」

Dさんは、積極的に人脈を広げる必要性を感じていないのですから、それができないのも当たり前ですね。

初対面が得意なのは、メリットがあるから

ビジネスで会う場所では、名刺交換から始まるのが一般的ですし、とくに最初の顔合わせの際は、雑談の必要がないことも多いです。

何度も顔を合わせていき、連絡をやり取りしていって、徐々に信頼関係を築いていけばいいだけです。

もし、あなたが「初対面の人が苦手」という方であっても、それはあなた自身の能力が低いわけではありません。**あなたには、単に、そこまでするメリットもデメリットもなく、今までは行動する必要性がなかっただけです。**

初対面の人と打ち解けられる人たちは、あなたには必要としないメリットとデメリットがあるから、やれているだけの話です。自分と彼らを比較して、自信を失う必要性はありません。

第4章

その勘違いが自信を奪う…思考を変えて新発見

1 「お金がないからできない」という最大の誤解

何か新しいことを始めようとしたとき、途端に発動しがちなのが「お金がないからできない」というブレーキです。じつは、これは根深い洗脳にはまっている状態と言えます。

子どものころ、何か親におねだりしたことはないですか？

「ピアノを習いたい」

「新しいゲームが欲しい」

「ディズニーランドに行きたい」

「犬を飼いたい」

「アメリカに行って、メジャーリーグの試合を観たい」

こんなことを言うと、「高いから」とか「ウチにはお金がないから」とかいう理由で、「ダメ」と断られたことがあると思います。

たとえば、子どもに「メジャーリーグの試合を観たい」と言われて、たいていの親は、やろうと思えばできるでしょう。でも、いちいち子どもの言うことを聞いていたらキリがありません。

かといって「アメリカに行けないこともないけど、我が家には優先順位があるんだ。レジャーにそれだけの大金を使うと、優先順位に影響をきたすかもしれない。アメリカ旅行を目標にして貯金すれば、3年後なら行けるだろう。それまで待ってくれるか？」などと、ていねいに子どもと向き合う親も少ないでしょう。

ですから、**いちばん簡単でわかりやすい「ウチにはお金がないから」という理由であきらめさせようとする**のです。

おそらく、こう言っていた親も、子どものころには自分自身が「お金がない」からとあきらめさせられたのでしょう。ですから、この言葉が身についてしまっています。

やがて同じように、それがあなたにも「お金がないと何もできない」という信念とな

り、それに洗脳されてしまうのです。

私は、夢を叶えたい人をサポートする自己啓発会社に、7年ほど勤務しました。毎日数十人の人に電話で話し、夢を聞いて、最終的に自己啓発の教材を勧める業務です。

7年間で、約5万人と電話で話をしましたが、そこで感じたことがあります。

あれこれ夢を語ったあとに、瞬間的に「でもお金がないから無理」という言葉がついて回ることです。

思考停止が最大の問題

「お金がないから無理」という言葉の、いったいどこが問題なのでしょうか？

それは、このセリフを言った途端に、思考停止に陥ってしまうことです。考えることをやめてしまうと、1ミリも前に進みません。

親や祖父母の世代は、本当にお金がなかったかもしれません。日本全体が貧しい国でしたから、アメリカに行けるのは一部のお金持ちだけでした。

それが、今はどうでしょう。10万円ちょっとでアメリカに行くことができる時代です。

いくら「お金がない」とはいっても、その気になれば方法はあります。「お金がないから」といって終わらせるのは、まさに思考停止なのです。

どんな問題でも、解決するための方法は無限にあります。

ある経営コンサルタントは「どんな問題でも解決法は1万通りある」と言います。そう考えたら、100通り、いいえ、30通りくらいのアイディアは出てくるはずです。

「お金がないから無理」となってしまうのは、「たった1つしか選択肢がない」と洗脳されているからです。

目的達成の手段は1つ2つだけではなく、解決に至る道は無数にあります。

「やるだけやりました。でもダメでした」と言い張る人もいますが、そこをくぐり抜けた人に言わせると、まだまだできると思うことが大半でしょう。

ピンチのときには、洗脳から脱出するために「やり方は1万通り」と唱えることをおススメします。

② 「私には能力がない」というのは完全な勘違い

「お金がないからできない」と同様に、目標達成の実現に対する言い訳として、とても多く出てくるのが、「能力や才能がないからできない」という言葉です。

私は「本を書きたい」というご相談をよく受けますが、コンテンツが素晴しい方には「すぐに書いてみたらいかがですか？」とおススメする場合もあります。

すると「文才がないので、ムリですよ」というご返答です。

「ちょっと待って、書いたことがないのにムリとおっしゃるの？」と思いますが、本当にこういう話はたくさんあります。

自信は、自分の仕事を通しての成功体験でつちかわれることが多くありますが、その仕事選びの時点で間違っている人が少なくないのです。

「正解がある仕事」と「正解がない仕事」

世の中には、正解がある仕事と、正解がない仕事があります。

正解がある仕事とは、主に安全や数字を扱う職種です。医師や看護師、パイロットやドライバー、工場の生産管理・経理などが該当するでしょう。

ミスがなくて当たり前。ルーティンをしっかりつくり、完璧という正解を目指して仕事するので、正確な作業を繰り返しこなせる人が向いています。

医療や交通、管理や経理の仕事には、たしかな正解がある一方で、不正解には重大なペナルティが生じます。医者が間違った薬を処方したら、命に関わります。経理で数字が合わないと、原因を探し出すのにとても時間がかかります。

そのような仕事では、正確さ、確実性が必要です。

一方、正解がない仕事もあります。

私のように、文章を書いたり、講師をしたり、企画を練る仕事には、正解がありません。本を出すための文章力としては、文法的に正しいとか正しくないとか、最低ラインの基準をクリアすれば問題ありません。小説ではないので、仮に間違っていても、プロの編集者が直してくれます。

極端なことを言えば、どんな文章を書いたところで、正解も不正解もありません。

営業マン時代の私は、事務作業が苦手で、どれだけ経理の人に怒られたか、数えきれないほどです。

自分の苦手分野を克服しようと考えたこともありましたが、そこに時間を使っていたなら、どれだけの時間を損失したかわかりません。

私はルーティンが嫌いで、いちいち改善したくなるタイプです。ですから、会社員時代は、ルーティンを守らせたい上司からは、よく「言われたことだけをやれ！」と説教されました。

でも、独立してからは、いちいち改善していたことが、大きな長所に早変わりしました。**クリエイティブな仕事に必要なのは、正確性より、発想力やアイディアです。**

出版界では、30年のキャリアを持つ著者の待望作よりも、まだ若い著者のデビュー作のほうが大ヒットしたなんていう話はよくあります。正解がある仕事と違って、正解がない仕事では、キャリアは関係ないのです。

私が本を書くときは、出版するまでのあいだに、何度も推敲《すいこう》して書き直します。**ですが、今まで一度も「これで完璧」というゴールに到達できたことはありません。**

もしも締切がなかったら、延々と書き直していることでしょう。創作物には、正しいゴールは存在しないからです。

新規開拓とルートセールスでは別の才能が必要

人見知りで、行動力がなく、消極的な人は、新規開拓の営業では成果が出せないかもしれません。

でも、そういう人は、ルート営業では才能を発揮することがあります。

新規の相手を取り込むには、瞬発力が必要です。そんな仕事には向かなくても、特定の相手と深い絆を築き、地道に売上を上げていくスタイルが向いている場合もあります。

消極的な人は、その半面、とても慎重で、ミスが起きないように確認もおこたらず、約束を確実に守る人でしょう。とても堅実で、人望が熱い営業マンとして活躍できるかもしれません。

もちろん、その逆に、ミスマッチも考えられます。

たとえば、新規開拓の営業で大成功している人を、経理や管理部門に転属させたらどうなるでしょうか。おそらく、ストレスで能力を発揮できないでしょう。

じつは私も2年間、事務職についていたことがあります。

上司「きみに書類を書かせると、なぜこれほどまでにミスだらけなんだ？　きみの目は節穴か？　提出する前に、なぜ見返さないんだ！」

松橋「いえ、きちんと見直して出したんですが……おかしいなあ」

こうして怒られるのが、私の日常でした。

もしも私が事務職をやり続けていたら、誰もが不幸だったでしょう。

3 得意分野で勝負していないから自信がないだけ

自信がないことに悩んでいる人は、そもそも自分の得意分野で勝負していない人が少なくありません。

正解を目指すのが得意な人が、クリエイティブな仕事をしようとすると、「なんて自分はアイディアがないんだ！」となげき、同僚と比べて自信を失っていくでしょう。

反対に、クリエイティブな仕事が得意な人が、正確さを求められたり、緻密《ちみつ》さを要す仕事につくと、ミスが目立ち、仕事も穴だらけになってしまうはずです。

先日、セミナーで、こんな感想をおっしゃってくれた女性がいました。

「私、ずっと自信がなかったんですけど、今日、このセミナーを受けて『今のままでいいんだ！』と思いました。私は、クリエイティブな仕事が得意なのですが、反対に細かい事務作業が苦手で、自分のことを『私は本当に細かいことが苦手だ。いつも人に迷惑をかけている。本当にダメな人間だ』と責める人生でした。

ただ、先ほど隣の人とワークに取り組んだのですが、お隣に座った女性は自分とは真逆のタイプの人でした。経理の仕事をしている方なんですが、ルーティン的な仕事が得意な一方で、クリエイティブなことは苦手だとおっしゃるんです。その瞬間『あ、私、今のままでいいかも』と思えたんです」

自分は今の仕事に向いていないと思ったら？

クリエイティブな仕事をしている人が転職したとして、経理や管理の仕事を専門にしている人相手に、事務作業で勝つのは至難の業《わざ》でしょう。

ルーティンが嫌いで苦手にしている人が、もともとその分野が好きで得意にしている人と同じレベルになろうと思ったら、とてつもない努力が必要です。

しかも、とてつもない努力を払ったところで、その人たちと同じレベルに到達できるかはわかりません。もともと得意で、しかも好きでやっている人に勝てるはずがないのです。

ちなみに、私も苦手な仕事や合わない仕事をたくさん経験した結果、今の天職にたどり着きました。

それまでの仕事は「ああ、この仕事は自分に向いていないんだな」と知るための機会だったのです。

もし、あなたが、今の仕事が合わないと感じているなら、向いていないことを確認するための時間だったのでしょう。

自分が好きになれて、得意な分野で才能の花を咲かせましょう。すると、天職がやってきます。

④ 消極的で自信がない？　あえてそうしているのでは？

「自分を主張できない」「引っ込み思案」「消極的」などという理由で、自信が持てないという方に質問です。

どんなときに、そう思いますか？

たとえば、会議で、自分の意見があるのに発言できないときでしょうか？

あるいは、何かやろうと思ってもいろいろと考えてしまい、結局、行動に移せないのですか？

たしかに、これらはネガティブな表現ですが、これをフラットに表現してみてはいかがでしょうか。

他力的な表現から、主体的な表現に変えてみるのです。

「自分を主張できない」「引っ込み思案」「消極的」というネガティブな表現を、フラットにすると「会議で、自分の意見があるのに発言はしない」や「何かやろうと思ってもいろいろと考えて、行動に移さない」などという表現になります。

他力的な表現をやめて、主体的な表現に変えると、目的があって、あえてやっていると感じられるようになります。

意見をポンポン発言する人だと軽く見られることもありますが、めったに意見を言わないことで重厚感を与えられ、自分の意見が通りやすくなるでしょう。

また、軽はずみに行動しないことで、慎重で確実な仕事ができるようにもなります。

すると「自分を主張できない」「引っ込み思案」「消極的」という欠点は、次のような長所も兼ね備えていることがわかります。

「自分を主張できない」↓「思慮深くて重厚」
「引っ込み思案」↓「つねにまわりにしっかり配慮できる」
「消極的」↓「慎重で、確実な仕事をする」

「すぐ行動に移さない」という主体的な表現には、ポジティブもネガティブもありません。「自分はすぐ行動する前にしっかりと慎重に判断する」という解釈も可能です。

また、自分が消極的だと悩む方は少なくありませんが、その消極性が、あなたを守ってきたという事実にも目を向けてください。

あなたの潜在意識は、あなたが行動して傷つくことから守るために「気楽に意見を言うな。慎重に行動しろ！」とブレーキを発動しています。

このブレーキのおかげで、今までたくさん救われてきたはずなのです。

なぜ、よく謝る人は不信感を持たれるのか？

また、引っ込み思案な人の中に多いのが、ミスを指摘されたら「そこまで謝るの？」というタイプです。

こういう人は、上司から「この書類、ちょっと間違ってるぞ」と言われたくらいで、卑屈《ひくつ》なくらい「すいません！」を連発します。**なぜなら自己肯定感が低いと、自分を守りたいという意識が強くなるからです。**

ミスしたことで、相手に迷惑をかけた。だから謝るというのが、通常の謝罪です。

ところが、自己肯定感が低くて「すいません」を連発する人は、迷惑をかけたことを謝るのではなく、自分を許してほしくて謝ります。

基本的に、自分を改めるつもりがない人ほど謝るのです。

また、謝れば済むという「思考停止状態」に入っている場合も少なくありません。「すいません」という軽い謝り方が多いのは、それ以上に深く考えることはせず、謝って終わらせたいという心理が見え隠れします。

さらに、意外に頑固です。

自分が悪いということを、変に譲らないところがあります。**謝罪ばかりしていては、建設的な未来に目を向けられません。**

もし、あなたが「すいません」を連呼する人なら、そのやり方は世間を渡っていく上で効果的に見えているようで、じつはまわりからの不信感を募らせています。

自分を許してもらうためではなく、今後、同じミスをしないためにはどうするかを話し合って伝えるようにしましょう。

5 何をやっても続かないのは、その必要がなかったから

自信が持てないという人に理由を聞くと、「何をやっても続かず、中途半端だったから」と答える人がいます。

こういう悩みを抱える人はたくさんいますが、じつは、これは前章でご紹介した「初対面が苦手」と同様の「不要な悩み」なのです。

とくに、「何をやってもダメ」の典型例として多いのが英語です。

いろいろな方から「英語の勉強が続けられなかった」という話を聞くので、そもそもなぜ英語をマスターしたかったのか、動機を聞きました。

すると「海外旅行が楽しくなるから」「洋画を見たときに字幕なしで楽しめるから」などというご返答を多数いただきます。

裏を返せば、英語をマスターしないと発生するデメリットは「海外旅行を自由にできない」「洋画を見るときに字幕が不要になる」ということです。

では「年に何回くらい海外旅行に行きますか？」と聞くと、だいたいの方が「数年に1回くらい」とのこと。

洋画だって、字幕や吹き替えでも充分に楽しめるそうです。

英語の勉強に挫折した方に聞いてみても、「最初は勉強のため字幕なしで洋画のDVDで見ていたが、ストーリーが気になってしまい、結局は字幕や音声を入れて見た」という方はたくさんいます。

それほど必要性があるとは思えません。動機が充分にないというだけのことです。

メリットとデメリットのバランスが悪すぎる！

では、動機の次に、代償についても考えてみましょう。

代償とは、それを得るために差し出すものです。

数年に1回の「楽しい海外旅行をする」や、とくに必要性のない「字幕なしで洋画を見る」ために、支払う代償は次のようなものです。

「毎日30分から1時間は英語を勉強する」
「何十万円もする英会話スクールに通う」
「以上のことを、少なくても数年間は続ける」

いかがでしょう?

得られるメリットに対して、失う時間やお金が、あまりにも大きすぎると思いませんか?

もし、英語をマスターしたら、月給が10万円上がるとか、管理職に昇進しやすくなるとか、海外転勤で栄転の可能性が高まるなどのメリットがあったら、おそらくあなたは英語を勉強すると思います。

あるいは英語をマスターしなかったら減給されるとか、ある大手企業のように永遠に管理職になれないとか、クビになってしまうなどのデメリットがあるとしたら、ほとんどの人は英語をマスターしていくでしょう。

東南アジアを旅すると、現地の人が驚くほど英語を話せるので驚きます。

かつてイギリスやアメリカの植民地だったからということもあるでしょうが、もっと単純に、英語を話せれば収入が格段に増えるか、あるいは母国語だけでは家族を養えないから、というのが本当の理由だそうです。

英語が続かないのは、多くの日本人にとって不必要なものだからなのです。

あなたが何かチャレンジをしたけれど、途中でやめてしまった。そのことで自分はダメだと思っていたのなら考えてみましょう。動機と代償のバランスは、充分に見合っていましたか？

ただ単純に、そこまでやる必要性を感じなくなったから、やめただけのはずです。

これで過去の呪縛から、また1つ解放されましたね。

⑥ 自信のなさから、自分を安く見ている

「自己アピールするのが苦手」
「どうしても自分のスキルに自信が持てない」
「仲間に嫌われるから、尖ったことはしたくない」

よくこんな悩みを相談されますが、これらすべて、焦点を向ける先が間違っていることから起きる悩みです。

間違ったアプローチをした結果、自信を失っているだけなのです。

私が独立して初めてセミナーを開催したのは、２００７年７月でした。

まだ駆け出しだったので、業界一安い価格設定をしていました。

これは「私の先生レベルでも1日2万円の価格。だから、自分は1日1万円以下じゃないとダメだろう」という判断でした。当時、集まっていただいたお客様にセミナーを申し込んだ理由を聞くと、ほぼ全員が「値段が安かったから」というお答えでした。

当時の心理を分析すると、心の中では、次のようなことを言われるのを恐怖に感じていたようです。

「お金を払ったのに、このレベルなの？」
「それくらいの知識しかないの？」
「ほかの講師に比べると、本当にレベルが低すぎるね」

駆け出しだった当時は、こんなことを言われるのではないか、という不安との闘いでした。そこで「教えてくれた先生たちの素晴らしい知識や経験に比べたら、自分は未熟すぎる。だから、文句を言われないくらいの価格設定にしよう」としたのです。

自信のなさが変わったのは、自分のセミナーに参加したあとに、本当に大きく人生が変わった人を目の当たりにしてからです。

困っている人を助けるために働けばいい

きっかけは、30歳くらいの男性受講者Mさんとの出会いでした。セミナー中、ずっと私のことをにらみつけて、とてもイヤでした。ですが、勇気を出して質問してみました。

松　橋「Mさん、ここまでの部分で何か質問はありますか？」
あなた「いいえ、ないです」

たしかに、声は怒ってなさそうです。さらに勇気を出して聞いてみました。

松　橋「ずいぶん怖いお顔で受講されてますが、何か気になる部分はありましたか？」
Mさん「すみません。私、よく言われるんです。真剣になると、どうも怖いらしくて」

Mさんは、つねに世間に怒りをぶつけているような顔をしている割には、人の目を見て話せないほど、コミュニケーションがまったく取れない人でした。

携帯電話も持っているけれど、電話帳に登録されているのは3人だけ。もちろん彼女はいないし、つくれるとも思っていなかったと言います。

そんなMさんが、私のセミナーに出てから、劇的に人生が変わりました。

お客さん同士が気軽に話せて、外国人も集まるバーがあるそうで、Mさんも友人とよく行っていたそうです。でも彼は、自分から話しかけたことがありませんでした。

ところが、私のセミナーを受講して、後日そのお店に1人で行き、学んだことを試したら、びっくりするくらい外国人と仲よくなれて感動したそうです。

以来、毎日、できるだけそのお店に通い、学んだスキルを試し続けました。

その結果、日本人の女性にも声をかけられるようになり、コミュニケーション障害は無事に克服したそうです。**半年後には、3人しか登録していなかった携帯電話の電話帳も、300人を超えたといいます。**

「昨日はお店で知り合ったインド人に誘われて、そのままその彼女の家に行ったんですよ。そしたら、家族が15人いてすごかったですよ。英語はわからないけど、ボディーランゲージでなんとかなるもんですね！　3時間、めちゃめちゃ楽しかったですよ！」

この話を聞いたとき、「人は変わるものだなあ」と感動しました。

それと同時に「私が教えることは、人の人生を大きく変える力があるんだ！」と確信が持てました。

あなたは、困っていて、あなたにお金も出してくれて、人生を変えたい人のために行動しますか？

それとも、別に困っていないし、お金も出さなくて批判をする人のためにブレーキをかけるのでしょうか？

答えは明確です。あなたがすべきなのは、困っている人に目を向けること。自信のなさは、困ってもいないし、お金も出してくれない人の評価を気にするからです。

誰のために何を提供するのか？

それだけにエネルギーを注ぎましょう。

第5章

未来を明るくする「本当の自信」を身につけよう

1 ニセモノの自信と本物の自信とは？

私に寄せられる相談の中には「自信がない」という悩みのほかに、「身近にいる人が自信がありすぎて困っている」という悩みも結構あります。

たとえば「上司が自信家で困ってます」というものですが、具体的にどんな人なのか次のようにリストアップしてみました。

・いつも「オレはすごい！」と自慢する人
・つねに威勢のいいことをいう人
・よく「ポジティブに、前向きにいきましょう！」と言う人
・我を通すために、怒鳴ったり怒ったりして他人を支配する人

これらの態度をとる人は、じつは自信のない人です。

こう伝えると、たいていの場合、びっくりしながら「そんなことありません。あの人、いつも自信たっぷりですよ！」という反論が返ってきます。

しかし、本当に自信のある人なら、そんなことをしません。

では「本当の自信」を持っている人とは、どういう人のことを言うのでしょうか。

「本当の自信」を持っている人たちの特徴

①自分の弱さを受け入れている

自信がある人は、自分の弱さを受け入れています。ですから、その弱さを隠そうとしません。とても自然体です。**弱さを隠す必要がないというのは、武装をする必要がないということです。**無理に威勢よく振る舞ったり、ポジティブなことを言うのは、武装している状態です。本当の自信を持つ人は、自分を大きく見せたりしません。

②嫌いな人がいない

自分の弱さを受け入れている人は、他人の弱さも受け入れることができます。自分の弱さを隠そうとする人は、人の弱さに敏感に反応し、「あの人が嫌い」という感情を持ちます。

他人が嫌いなのは、自分のイヤな部分の写し鏡だからです。心理学では「投影」と言いますが、自分が受け入れたくない部分を見せつけられるのがイヤだから、その人が嫌いなのです。本当に自信がある人は、嫌いな人がいなくなります。

③人生の優先順位が明確

私の友人で、女性を対象にした起業塾を主宰している人がいます。

ある日、彼女の起業塾のメンバーたちが、私と一緒にパーティーをやることになったのでお誘いしたところ、「その日は娘が寮から帰ってくるので、夫と『夜は3人で出かけよう』と話していました。たいへん申し訳ございませんが、一応、不参加とさせていただきます。もし都合がついたら参加しますね」という返事をいただきました。

彼女の中では、家族が優先されるということで、もちろん私も大いに納得しました。

このように優先順位が明確だと、自信を持って判断を下せるようになります。自分の人生で何が大事か、価値観をしっかり把握している人は、判断も早いし、自信が身についていくものです。

④他人の話をよく聴く

自信がある人は、自分の弱さを受け入れているのと同時に、自分の強みも知っています。その強みを持つ分野にエネルギーを集中するので、当然ながら成功している人が多くなります。**自然と「他人に認めてもらいたい」という承認欲求が、しかも自分が得意の分野で充分に満たされるのです。**

すると、自分をアピールする必要がなくなり、逆に他人の話をしっかりと聴くことができるようになります。

いかがでしょうか？

このように整理すると、あなたにも納得してもらえたと思います。

「本当の自信」を持つために、ムダに自慢したり、ポジティブをアピールしたり、怒鳴ったり怒ったりする必要はないのです。

②　顔や体の使い方で自信をつくっていこう

下を向いて歩き続けていると、1週間でうつ病になると言われます。

体の使い方は、それほど人の精神に影響を与えます。

一般的には、楽しいから笑顔になると思われていますが、じつは笑顔になるから楽しくなっていく、ということをご存知でしょうか？

口角を上げると、ドーパミンが出ます。ドーパミンとは幸せホルモンとも呼ばれていて、これが増えると、気分が楽しくなることがわかっています。

元プロゴルファーの宮里藍《みやざとあい》さんは、アメリカの女子賞金ランキングで3位にもなったスーパースターです。

彼女はどんなにしくじっても、つねに笑顔でプレーをしていました。笑顔がいい気分をつくることを知っていたのです。

どんな表情がどんな感情をつくるのか、そのつながりを知っておくことで、人生をコントロールできます。

スポーツ界で熱血といえば、元プロテニス選手の松岡修造《まつおかしゅうぞう》さんです。

松岡さんが海外に行くために日本から離れるたびに、「修造さんがいなくなったせいで日本の気温が下がった」と言われるくらいです。

でも、驚いたことに、ふだんの松岡さんは、じつはとても優柔不断だそうです。

メニューをなかなか決められず、ようやく決めてオーダー通りに出てきてから、「やっぱりあっちにするんだった」と後悔することが多かったとか。

うまくいかなくなったときこそ笑ってみる

ただ、松岡さんの素晴らしい点は、そういった自分を受け入れたことです。

「心は弱くていい。その弱さと、どう向き合っていくかが大事」

自分が弱い人間だと知っている人は無敵です。無敵とは、敵がいない状態です。

松岡さんは、弱さに飲み込まれそうになったとき、無理やり笑顔をつくるようにしていると言います。

「ミスしたときほど、ガッツポーズ」という名言もあります。

車を運転していて割り込みされたときも、怒るのではなく、「先に入ってくれてありがとう」と笑顔で言うと、負の感情がおさまるそうです。

体の使い方を変えることで精神状態や感情を変えられると知っておくと、自信を失いそうになったとき、笑顔を意識したり、上を向いて歩いたり、あえてお礼の言葉を口にするなどして、うまくコントロールしていきましょう。

3 白紙に戻してゼロベース思考で考えてみる

時代の変化が激しく、将来の見通しが立ちにくい現代社会では、これまでの考え方、やり方では通用しないことも増えてきました。今はゼロベース思考で考えることが求められています。

ゼロベース思考とは、白紙に戻したゼロの状態から考えることです。自分がそれまでに積み上げてきた経験や知識、既存の枠組み、従来の概念にとらわれずに、ゼロから考え直す方法です。

このゼロベース思考は、さまざまな場面で使えます。

今の仕事を続けるべきかどうか悩んだとき

この本を読んでいる人の中には、転職するべきか、今の仕事を続けるべきかと、悩んでいる人も多いでしょう。

私は20歳のころ、派遣社員として大手量販店に勤めていました。

当時、音楽活動をしていた私に対して、ちょっと年上の先輩正社員が言いました。

先輩「松橋くんは、自由にやりたいことをやっていていいなあ。オレなんて、朝から晩まで働いても、給料はきみと変わらないんだから、やってられないよ」

松橋「だったら、派遣会社を紹介しますよ。年がら年中、人手不足らしいですから」

先輩「いや、それは大丈夫だよ」

松橋「でも、やめたいんですよね？」

先輩「仕事はきついけど、いい仲間に囲まれているからやめられないよ」

契約社員の私に比べたら、正社員は朝は早いし夜も遅くて、休みの日も呼び出されたりもします。それなのに月給は、私と変わりません。

では、なぜ続けるかというと、いい仲間がいるから。

当時の私には「いい仲間がいるから」という理由が、職業選択の基準には考えられませんでした。なのでこのやり取りはすごく印象に残っています。

今、転職したいのにやめられない人の中には、職場に「いい仲間がいるから」という理由を持つ人も多いかもしれません。

そこで、ゼロベースにしてみましょう。

「もし、今の職につく前に戻れたら、もう一度この仕事をしたいですか？」

ゼロベース思考の結果「またつきたい」ということなら、このまま仕事を続けましょう。でも、つきたくないとしたら、転職したほうがいいです。

転職の経験がない人にとっては、勇気がいる決断でしょうが、じつはこの決断には「自信があるかないか」も関係しています。

どんな環境でもうまくやれる自信はあるか？

つまり「いい仲間がいるからやめられない」というのは、根底には「自分は誰とでもうまくやれるわけではない」という不安があるのです。

これは、仕事や職場に限った話ではありませんが、誰ともうまくやれる自信があれば、「いい仲間がいるから」という理由は、職業選択の基準にはなりません。

それは、ぬるま湯で一生すごしたいと言っているようなものです。その職場で「いい仲間がいるから転職しない」と考えているのが自分1人だけなら、いずれその職場の仲間はいなくなっていくかもしれません。

もし、うまくやれない相手が現れたとしたら、その人はあなたの砥石《といし》です。あなたを磨くために必要な存在だと考えましょう。

いずれにしても、仕事での自信を取り戻すためにはゼロベース思考です。

ゼロベースでの断捨離が自信を強める

また、モノが多くなると、ムダなエネルギーが使われて、エネルギーが枯渇します。

たとえば、職場の机が、ムダなモノに囲まれていませんか?

それが決断力をにぶらせ、やる気を奪い、自信を失くしていく原因になります。

ここでも、ゼロベース思考で考えましょう。捨てるかどうか迷うモノがあったら、それを手にして自分に問いかけてください。

「これを手放したとしても、もう一度、買い直したいかどうか？」

職場の場合は、上司から「机を片づけなさい！」と言われるでしょうから、まだなんとかなっているかもしれません。

問題は、プライベートです。自分自身で判断しないといけません。

まずは、服から始めましょう。服が多い人は、1着ずつ、ゼロベース思考で処分しましょう。

次の項でご紹介しますが、ゼロベース思考で自問自答したら、「今の手持ちの服は、全部いらない」ということになるかもしれません。そのときは総取り替えの時期です。

ゼロベース思考で、クローゼットの中をドンドン処分していきましょう。モノを減らすことで、エネルギーが集中して使えるようになります。

その結果、自信が強まっていくのです。

④ 見た目を変えよう。まずは着ている服から！

自己変革のために、私も30年以上、いろいろとチャレンジし続けてきました。

その中で最も即効性があったのが、見た目を変えることです。

自信のない人は、地味で目立たない服装をします。

一方、自信たっぷりな人は「私をもっと見て！」というエネルギーをバンバン出して、派手な服を着ます。なかには、ＴＰＯといった常識を超越した服装をする人もいます。

他人の目がまったく気にならず、Ｔシャツやアロハばかり着ている人もいます。

では、ここで１つ考えてみてください。

①自信があるから、派手な服装をするのか？

②派手な服装をするから注目されて、自信が生まれてくるのか？

もし、この答えが①だったら、自信がない人は永遠に派手な服を着られないということになってしまいます。

私は断然②です。

経験上、服装が自分のメンタルを引き上げてくれると信じているからです。

プロが選んだ高価な服を着てみたら……効果てきめん！

私が初めて、プロのスタイリストにお願いしたのは40代半ばのころでした。スタイリストとは、服をコーディネートする職業ですが、かつては芸能人や政治家といった限られた人だけの存在でした。

今は「パーソナルスタイリスト」と言って、一般の人に対して服をコーディネートするスタイリストさんがいるのですが、彼らにお仕事をお願いして衝撃を受けました。

服代の予算は数万円からOKということでしたが、せっかくなので予算30万円でお願いしました。

それまでに購入したことのある上着は、最高でも2万円。ところが、スタイリストさんは6万円近くのジャケットを選んで言いました。

「このジャケットにして、袖や丈を数ミリ単位で直してもらいましょう」

シャツは、1着2万〜3万円のオーダーメイドで、これを3着注文しました。

靴は履きつぶしてしまうので、それまでは最高でも1万円のものしか購入したことがありませんでしたが、スタイリストさんは3万円の靴を2足も選びました。

さらに、靴と同じ素材のベルトも2本。それぞれ1万円の値札がついていて、またまたびっくり。

締めはポケットチーフ。選んでくれたのは、なんと1万円！

「え？　ハンカチに1万円ですか！」という具合に。自分で30万円のオーダーを頼んでおきながら、当時の私には衝撃的すぎる価格でした。

ところが、このスタイリングをしてもらった服を着始めてからは、それまでの服を着て人前には出られなくなり、結局それまでの服はすべて捨てることになりました。

自分に似合う服のおかげで、華やかなパーティーにも気後れせずに出席できるようになりました。また、研修や講座も、前よりも自信が持てるようになりました。

服のパワーを知った私は、次は18万円のオーダースーツにチャレンジしました。研修するときや、ここぞという商談のときには着ています。

この服で商談して数百万円の契約を決めているので、すでに元手は取れたどころか、かなりの黒字を稼げています。

1万円の上着5枚より、5万円の1枚

投資家向けの不動産を扱う営業マンと商談していたとき、その営業マンが高級そうな時計をしていたので、「左の腕がとても重そうですね」と話を振りました。

すると、彼は楽しげに話し始めました。


「これは、〇〇の〇〇という時計なんですが、400万円はしないですよ」


結局、この営業マンと契約しました。

彼にとって、高級品を身に着けていることで気分が上がり、数億円の物件でも臆することなく勧められるのなら、安い投資になるでしょう。

逆に、高価な商品やサービスを扱う営業なのに、このあたりに無頓着な人も少なくありません。安そうなビジネスバッグから資料を取り出し、100円くらいのボールペンが胸ポケットからのぞいている時点で、大方察しがつきます。

そういう私も、「服にお金をかけるなんてバカバカしい」と40代半ばまで思っていたクチですから、「服や持ちもので自己イメージが変わる」「自信が高まる」と言われても懐疑的に思う人の気持ちはよくわかります。

ですが、こればかりは、体験しないとわからないかもしれません。

自信がないという人は、まずは服の力を借りてください。

1万円の上着を5枚買うなら、5万円の服を1枚。

1万円の靴を毎年買うよりも、10万円の靴を10年間履くことです。

自分にお金をかけるというのは、自分を大事にしていることになります。自分を大事にしている人は、人からも大事にされ、それが自信を生む結果につながるのです。

5 結婚観、持ち家信仰、学歴主義も洗脳にすぎない

ゼロベースで断捨離しなくてはならないのは、何もモノだけに限りません。古い考え方や習慣も改める必要があります。

結婚しなくては幸せになれない？

私が社会に出た１９８３年のことです。

新入社員として入社し、少し慣れてきたころ、ある先輩の男性社員が、同じ部署にいるメンバーの年齢を教えてくれました。

10人いる部内の女性は、ほとんどが20代前半でしたが、２人だけ20代後半の女性社員がいました。25歳と27歳でした。

そこで先輩が、次のようなことを言いました。

「24歳までに結婚できないと行き遅れだから、25歳の人はそうとう焦っている。でも27歳のほうは、もうあきらめたみたいだ」

今では信じられませんが、当時はクリスマスケーキにたとえて、24歳まで結婚するのが勝ち組。25歳を超えると「売れ残り」と言われていました。

社会全体がそういった風潮でしたから、女性全員が「25歳までには結婚しなきゃ！」という洗脳をされていたようなものです。

現在、そういった世代が母親になり、年ごろの娘に言います。

「いつ結婚するの？　一生独身だと老後が心配よ」

このような言葉が、娘の心に突き刺さり、結婚しないと親不孝をしているような呪いとなっていきます。25歳までに結婚するのが当たり前という価値観を持つ母親からすれば、30歳になっても結婚しない娘が心配で仕方ありません。

ですから、口うるさく「結婚しろ」と言います。

子どもは、何度も何度も言われるので「結婚しないと幸せになれない」という洗脳をされているのと同じです。

その洗脳が、女性たちを苦しめます。

持ち家信仰の危険性

なんとか結婚したところで、今度は「家を買わなきゃ！　持ち家がいちばんだ」が始まります。

将来の確実な資産として価値を持つ土地は、東京23区内くらいでしょう。一部の例外はあるでしょうが、それ以外の場所では、たいてい家や土地を売るとき、大損となる可能性が高いと言われています。

しかも、住む場所を固定することで、職場を自由に変えることもできなくなります。維持費も税金もかかり、購入するデメリットは意外に大きいのです。

さらに、日本の家や土地は、今後どんどん余っていくことも予想されています。

それなのに、長年言われ続けてきた「結婚して持ち家を手に入れる」という形が基本的な幸せだと洗脳されている親に、やはり子どもも洗脳されているのです。

有名大学を出て大手企業に就職しても…

「いい大学を出て大手企業に就職」というのは、戦後に発展したスタイルです。

まだ学歴にこだわる人も多いですが、現在の学制は、明治時代に整えられたものが原型で、その目的は強い軍隊をつくることです。

つまり、上下関係や規律を守らせて、スムーズに動く人を生み出すためにつくられたものなのです。

高学歴の人は仕事ができるかといえば、そうでもないということは多々あります。大事なのは適性だからです。

勉強が好きなら学業に励めばいいですが、ほかに好きなことがあるなら、それにエネルギーを注いだほうがいい時代になってきています。

一方、10年後には銀行すら必要なくなる可能性が高まってきたというので、メガバンクでさえ、数万人規模のリストラをしているのです。

でも、今の親世代は、古い時代の洗脳が解けないままです。昔からの常識にしばられている人たちは、現代社会に必要な情報が足りていません。

時代は変わります。これまでの常識がまったく通じないことも起こりえます。

すでに引退した親世代はともかく、これからの時代を生き抜く方々には、最新情報を集めることをおススメします。

⑥ ネガティブシャワーを防ごう！

ゼロベースでの断捨離について、私自身のことで言えば、数年前にテレビを処分しました。サッカーのワールドカップだけはテレビで見たかったですが、それ以外では、テレビがなくても、とくに困ることがありません。

そんな私ですが、テレビを処分する前の生活では、家に帰ったらまずはテレビの電源を入れるのが日課でした。そして寝るまで、つねにテレビはつけっぱなしです。

実家に帰省すると、やはりテレビがつけっぱなしです。先日も数日間ほど実家に帰って、久しぶりにテレビを長時間も見ていて気づいたことがあります。

朝から晩までニュース番組や情報バラエティ番組をやっていますが、これらの内容はネガティブな話題ばかりでした。殺人、強盗、交通事故、火災、自然災害、被災のニュースはもちろん、政治不信をあおるニュース、芸能人の不倫や悲報など、9割くらいはネガティブなニュースな気がします。

国際ニュースになると、さらにひどく、ネガティブなニュースしか流れないです。これだと、世界ではネガティブなことしか起きていないように錯覚します。

チャンネルを替えても、同じニュースを何度も目にします。テレビを毎日見続けていたときには感じませんでしたが、**こうして、自然とネガティブ思考に洗脳されていたんだなと気づかされました。**

思い返せば、私の父親は、とにかくニュース番組が好きでした。私が子どものころから、19時になるとNHKのニュース番組を見るのが日課です。

おかげで、父親が不在のときしか、好きな番組が見られなかったのを覚えています。

そうやって私たちは、毎日ネガティブな情報を脳に入力していたわけです。

毎日「ネガティブシャワー」を浴びていませんか?

このような「ネガティブシャワー」は、テレビだけに限りません。

電車に乗れば、週刊誌の吊り広告が目に入りますが、幸せそうな見出しの記事は一切ありません。読み手の恐怖や不安をあおる記事や、政治家や芸能人を批判する記事が目を引きます。

また、同僚や上司で「この会社で仕事ができて幸せだ！」とポジティブなことを口にする人はどれくらいいますか？　むしろ「この会社はこういうところが悪い」「上司のあそこが気に食わない」「使えない部下ばかりだ」などと、ネガティブなことを話す人のほうが多いのではないでしょうか。

あなたの思考は、入力した情報でつくられている

ネガティブシャフ〝ばかり浴びることで、脳をネガティブ思考に洗脳しているようなものです。私たちの身体は、口に入れたものでつくられています。野菜や肉、魚をバランスよく食べることで、健康的な身体がつくられます。

私たちの思考も同じように、目や耳を通して脳に入れたものでつくられます。

何を見るか？　何を読むか？　どんな人の、どんな言葉を聴くか？

これら脳に入れるものが、あなたの思考をつくります。ネガティブな情報を毎日、大量に脳に入れているうちは、自信あふれる人生を送れるはずがありません。

ですので今日から、次のような生活を送ってみてはいかがでしょうか？

①ネガティブシャワーをできるだけ浴びない！

テレビは、思い切って捨てましょう。**それができないなら、せめて電源オフの状態を基本とし、録画したものだけを見る。**また、スマホでニュースを見る時間も減らしてください。SNSをしているなら、ネガティブな投稿をする人の表示をオフにしましょう。

②ポジティブなシャワーを浴びよう！

煽情的《せんじょうてき》な週刊誌ではなく、自己啓発できる書籍を読みましょう。**愚痴っぽい人を遠ざけて、力を与えてくれる人との時間を大事にしてください。**セミナーや講演などの音声をダウンロードしたり、成功している人の話を聞きに行くことをおススメします。

あなたの脳に入れたものだけが、あなたの思考をつくり、ひいては新しい未来をつくるのです。

7 「日本は衰退する」という洗脳に気づく

「日本は東京オリンピック後に終わる！　２０２０年以降はどうする日本！」

こんな報道が、テレビや新聞で日々繰り返されています。これほど繰り返されると、アンカリングされて、反応するようになってしまいますが、その状態がまさに洗脳です。この洗脳が、日本の若者から自信を奪っている理由の１つでしょう。

２０１７年度のＧＤＰ（国内総生産）は、１位がアメリカ、２位が中国、日本は３位です。世界には１９１か国もあるのに３位にいます。

では、さまざまなマスコミで言われているオリンピック後の悲惨な状況は、どんなものなのでしょう。たとえば、オリンピックから10年後の２０３０年には、日本のＧＤＰ

は世界で何位になっているでしょうか？

ロンドンに本社を置く世界４大会計事務所の１つ、ＰｗＣの予想によると、１位が中国で、２位はアメリカ、３位にインドと続いて、日本は４位です。ランキングがたった１つ落ちるだけです。

中国もアメリカもインドも、日本よりはるかに国土が広く、人口も多いわけですから、GDPが伸びるのは考えてみれば当然のこと。それなのに、2030年はまだ4位につけているのです。

マスコミが連日、日本の先行きは暗いという報道をしているので、ＧＤＰが50位とか80位くらいに急降下しているように感じてしまいますよね。

では、２０５０年になるとどうでしょう？

日本の人口は１億人を切って、子どもや若者は少なく老人だらけ。内需は停滞しきって、国力は限りなく落ちているという論調です。

もう日本は、跡形もないくらいダメージを受けているのでしょうか？

今度こそ、50位くらいになってしまうのでしょうか？

1位は引き続き中国、以下、2位インド、3位アメリカ、4位インドネシア、5位ブラジル、6位ロシア、7位メキシコ、そして、8位が日本でした。

インドネシアやブラジルなどは、広大な国土を持ち、国民の平均年齢が若く、人口がどんどん増えると想定されているので、GDPが上がると予想されるの当然です。

日本が未曾有《みぞう》の不況に入り、国際的に没落するとか言われていますが、それでも約200か国の中で8位の座にいるのです。

マスコミが不安と恐怖を煽る理由とは?

それなのに、マスコミが必要以上に「日本はダメ! 日本没落!」という報道をするのは、単純に視聴率や部数をアップさせるためです。

「これは絶対に見なきゃ」と思わせる番組をつくるのがテレビ局の仕事ですし、吊り広告を見て「駅についたら、売店でこの雑誌を買わなきゃ」と思わせるのが、雑誌編集者の仕事です。

幸せな話だと、視聴率も部数も上がりません。あなたも「日本は大丈夫だよ」という番組より「どうなる日本!」という番組のほうが興味をそそられるでしょう。

未来が大丈夫なら「だったら見る必要はないな」で終わってしまいます。

マスコミは不安と恐怖を与えるのが、もっとも大きな仕事と言っていいでしょう。ポジティブなニュースばかりを集めた新聞社は、すぐにつぶれてしまうとも言われています。

そういった事情を踏まえて、情報を取捨選択しましょう。

世紀末も結局、何も起こらなかった

私が高校生だった１９８０年代に、「ノストラダムスの大予言」が大流行しました。

「１９９９年７月に恐怖の大王が来るだろう」という記述が、人類滅亡を意味する予言だと言われていたのです。今となっては笑い話ですが、当時は「どうせ１９９９年には人類は滅ぶんだ」と、捨《す》て鉢《ばち》な人生を送った人も多かったようです。

でも実際、１９９９年には何も起きませんでした。

その翌年には「２０００年問題」というのもありました。

１９９９年12月31日から２０００年１月１日に変わるタイミングで、世界中のコンピユーターが誤動作し、発電、銀行、水道、医療機器から、はては大陸間弾道ミサイルにまで影響を与えるのではないかと騒がれました。

でも、実際には、とくに問題となることは起きませんでした。これも今となっては変な話ですが、当時は会社に泊まり込んでまで、「いざ」というときに備えていた人もいたほどです。

悲観的なニュースには、視聴者や読者を惹《ひ》きつけるパワーがあります。

ノストラダムスの大予言や2000年問題と同様に、「オリンピック後に日本は終わる」というニュースも、2030年には笑い話になっている可能性が充分あります。

前回までは外れてきたが、今回こそ問題は乗り越えられない？

それは合理性の破綻《はたん》というものです。

私たちは日々進化しています。

未来は明るいのです。

日本に生まれた奇跡に感謝して、自信を取り戻していきましょう。

8 自信は「質」ではなく「量」から生まれる

私は営業コンサルタントもしていますので、売れなくて悩んでいる方の相談をよく受けます。みなさん、「売れなくて自信を失くしています」と口にします。

最近ご相談をいただいたGさんとも、このようなやり取りがありました。

Gさん「私、半年ほど営業をやってみましたが、やはり、この仕事に向いていないみたいです」

松　橋「今まで何人に商談したんですか？」

Gさん「この半年で、10人です」

松　橋「え、半年で10人？　1か月や1週間ではなくて？　それは少なすぎますね。100人くらいには商談しないと、営業に向きか不向きかわからないですよ」

私はピカソが大好きで、「箱根 彫刻の森美術館」のピカソ館に10回以上訪問してます。とはいえ、初めてピカソの絵を見たときは、「何これ？　子どもでも描けそうな絵だ」と思いました。キュビスムという様式の幾何学的《きかがくてき》な絵などを見たときには、「なんか変な絵」という感想しかありませんでした。

しかし、プロのミュージシャンを目指して、スタンダードなジャズを学び、さらに前衛的なジャズに目覚めてから、改めてピカソの絵を見たときに衝撃が走りました。

音楽に興味がない人からしたら、デタラメに弾いているようにしか聞こえない前衛的な音楽も、基礎をしっかり身につけた人が弾けば素晴らしい音楽になります。

ピカソもそれと同じく、基礎をしっかりと身につけた上で、スタンダードからはずれた前衛的な作品で、世界に衝撃を与えたのです。

上野の「国立西洋美術館」で、ピカソが14歳のころに描いた絵を見たとき、写真のようなあまりの上手さに度肝を抜かれました。

それもそのはず、ピカソは8歳のころには美術教師だった父の指導もあり、すでに伝統的な絵を完璧に描ける技量を身につけていました。あまりにも息子の絵が素晴らしすぎたので、美術教師だった父が絵を描くのをやめたくらいです。

ピカソ独特の画風は、そういった基本の型を身につけたからこそ、型破りな世界につながったのです。

歴史上の天才芸術家たちが証明している！

天才画家ピカソは、92歳で亡くなるまでに、絵や版画、彫刻や陶器など、約14万7800点の作品を残しました。

8歳ごろから絵を描き始めたので、芸術活動は84年間とすると、1年間あたり1760点。1日あたりだと、およそ5点の作品を制作したことになります。84年間、毎日毎日5点近くの作品を制作していたとは、ものすごい制作への情熱です。

では、世界最高の芸術家と言われるようになったピカソの15万点近くある作品のうち、有名作品はどれくらいあるのでしょう？

その割合は、じつはほんのわずか。ほとんどは駄作として倉庫に眠っています。

ピカソ自身、何が評価を受けて、何が駄作と言われるのかはわからなかったようで、とにかくたくさんつくりました。そこからいくつかの特大ホームランが出たのです。

天才的な芸術家の例をもう一つ。モーツァルトは5歳から作曲を始め、35歳までの生涯で約900曲をつくったと言います。また、ヴィヴァルディ、バッハ、シューベルトといった音楽家も、約1000曲の作品を残しています。

アメリカの文豪ヘミングウェイも「1ページの傑作が生まれるまでに99ページの駄作がある」と言っています。駄作をたくさん乗り越えた先に、『老人と海』に代表される名作が生まれたのです。

自信がないとなげく人に「どれくらいの量をやっていますか？」と質問すると、唖然《あぜん》とする答えが返ってくるケースも少なくありません。

成功は、質ではなく量で決まるのです。

最後に、ピカソの名言を紹介します。

「明日描く絵が、いちばん素晴らしい」

松橋良紀（まつはし・よしのり）

書籍27冊、累計で35万部のコミュニケーション心理著者。一般社団法人日本聴き方協会代表理事、営業心理学協会代表理事、コミュニケーション総合研究所代表理事を兼任。

青森市生まれ。ギタリストを目指して上京するが、自信のなさのために夢破れ、26歳で訪問営業の世界に飛び込む。しかし、自己イメージの低さもあり鳴かず飛ばずの3年間を過ごしてクビ寸前になる。30歳になり、一念発起してカウンセラー養成学校に通い始めて、NLP心理学や催眠療法などの心理学を学ぶと奇跡が起こる。

学んだ心理スキルをお客様に使ってみると、3年以上も売れなかったダメダメセールスマンが、たった1か月で、450人の営業マンの中でトップセールスになる。支店長に昇進し、全社員の指導トレーナーとなる。その後、成功哲学のナポレオン・ヒル財団へ転職。自己啓発商品の営業と自己啓発講師を担当する。営業16年間で、約1万件を超える対面営業と3万人を超えるカウンセリングを経験する。

2007年にコミュニケーション総合研究所と営業心理学協会という研修会社を設立。受講生の「すぐに成果が出た！」という口コミが広がり、出版の機会を得る。NHKでも特集され、雑誌の取材が殺到し、マスコミでも多数紹介されるようになる。

『「売れる営業」がやっていること「売れない営業」がやらかしていること』（大和書房）、『何を話せばいいのかわからない人のための雑談のルール』（中経の文庫）などベストセラーを連発。「コミュニケーションで悩む人を世界からゼロにする！」を合言葉に奮闘中。

装丁　鈴木大輔・仲條世菜（ソウルデザイン）
本文デザイン・DTP　朝日メディアインターナショナル

「一生」の自信を「一瞬」でつくる本

2019年3月16日　第1版第1刷発行

著　者　松橋良紀
発行所　WAVE出版
〒102-0074 東京都千代田区九段南 3-9-12
TEL03-3261-3713 FAX03-3261-3823
E-mail:info@wave-publishers.co.jp
http://www.wave-publishers.co.jp

印刷・製本　中央精版印刷

NDC159　207p 19cm　ISBN978-4-86621-205-0